Vol. 44

Dados Internacionais de Catalogação na Publicação (CIP)
(Câmara Brasileira do Livro, SP, Brasil)

Chaparro, Manuel Carlos
  Pragmática do jornalismo : buscas práticas para uma teoria da ação jornalística / Manuel Carlos Chaparro. – 3. ed. rev. – São Paulo : Summus, 2007. – (Novas buscas em comunicação ; v. 44)

  Bibliografia.
  ISBN 85-323-0327-7

  1. Imprensa 2. Imprensa – Brasil 3. Jornalismo 4. Jornalismo – Brasil I. Título. II Título : Buscas práticas para uma teoria da ação jornalística. III. Série.

06-7098   CDD-070

Índices para catálogo sistemático:
1. Imprensa : Jornais e Jornalismo 070
2. Jornais e Jornalismo 070
3. Jornalismo 070

Compre em lugar de fotocopiar.
Cada real que você dá por um livro recompensa seus autores
e os convida a produzir mais sobre o tema;
incentiva seus editores a encomendar, traduzir e publicar
outras obras sobre o assunto;
e paga aos livreiros por estocar e levar até você livros
para a sua informação e o seu entretenimento.
Cada real que você dá pela fotocópia não autorizada de um livro
financia o crime
e ajuda a matar a produção intelectual de seu país.

MANUEL CARLOS CHAPARRO

Pragmática do jornalismo
Buscas práticas para uma teoria da ação jornalística

PRAGMÁTICA DO JORNALISMO
Buscas práticas para uma teoria da ação jornalística
Copyright © 1994, 2007 by Manuel Carlos Chaparro
Direitos desta edição reservados por Summus Editorial

Editora executiva: **Soraia Bini Cury**
Assistente editorial: **Bibiana Leme**
Capa: **Alberto Mateus**
Projeto gráfico e diagramação: **Crayon Editorial**
Fotolitos: **Pressplate**

Summus Editorial

Departamento editorial:
Rua Itapicuru, 613 – 7º andar
05006-000 – São Paulo – SP
Fone: (11) 3872-3322
Fax: (11) 3872-7476
http://www.summus.com.br
e-mail: summus@summus.com.br

Atendimento ao consumidor:
Summus Editorial
Fone: (11) 3865-9890

Vendas por atacado:
Fone: (11) 3873-8638
Fax: (11) 3873-7085
e-mail: vendas@summus.com.br

Impresso no Brasil

Este é um trabalho escrito com o pensamento fixado nos leitores que ainda confiam no seu jornal – para que não acreditem tanto.

Dedicado, porém, aos jornalistas persistentes no ideal de captar, compreender, valorar e narrar a atualidade apenas porque os leitores, pedaço de povo, têm direito ao relato verdadeiro.

A Maria Augusta, luz e razão dos recomeços.

Sumário

Prefácio à nova edição 11
Prefácio à primeira edição 17
Introdução • Jornalismo: *fazeres* intencionados 21

Parte I • Pragmática viva

O Rastreamento 40
1. Racionamento de água em São Paulo 42
2. Tempos de Magri: ribalta e bastidores 48
3. Interpretação livre 51
4. Um repórter que opta 54
5. A isca e o peixe 57
6. O rombo do Ipesp 59
7. A greve "bancada" 63
8. Justiceiros protegidos 65
9. O "crime" de Juarez 68

Parte II • O poder de (des)informar

1. O espaço da incompetência 72
2. A força do boato 76
3. A capacitação das fontes 83
4. A "arbitragem" nas redações 92

Parte III • O poder da norma

1. Primado das organizações 108
2. Muitos propósitos, poucos princípios 122
3. Patologia complexa 131

Parte IV • Propostas teóricas
1. Descrição pragmática da ação jornalística   140
2. Algumas idéias decorrentes   145

Bibliografia   153

Prefácio à nova edição

É BOM SABER QUE *Pragmática do jornalismo*, livro pensado e escrito no início dos anos 90 do século passado, entra em sua terceira edição ainda com plena capacidade de responder a demandas pedagógicas sobre jornalismo.

O texto talvez precisasse, aqui e ali, de pequenos retoques de atualização. Mas decidimos, eu e editora, manter o livro tal como veio a público em 1994. Delega-se aos leitores, assim, a tarefa de fazer cruzamentos entre as reflexões propostas na obra e as contradições da realidade vivida, nos espaços do seu idealismo e da sua experiência de estudantes ou profissionais.

Para ajudar nesse processo de atualização por co-autoria, decidimos acrescentar ao livro um novo prefácio, abordando questões que hoje, a meu ver, têm relevância especial na teoria jornalística. E, para essa troca com os leitores, faço o aproveitamento de idéias que venho espalhando por aí, em palestras, aulas, entrevistas, livros e artigos.

Quaisquer que sejam as voltas teóricas das reflexões acadêmicas sobre o objeto "linguagem jornalística", nada se explica fora do pressuposto que organiza as expectativas sociais em relação ao jornalismo – o de que o discurso jornalístico contém o predicado essencial da veracidade.

Ser veraz é, pois, marca de caráter na linguagem jornalística e na profissão de jornalista.

Não se deve, porém, confundir veracidade com objetividade.

No sentido em que no jornalismo tradicional se coloca o conceito, objetividade seria a capacidade de observar os fatos em sua realidade material, e só, sem "deformações" resultantes da perspectiva individual do jornalista observador. Os fatos jornalísticos seriam, pois, "objetos concretos", livres de componentes abstratos. Compreensíveis, portanto, pelo que são, não pelo que possam valer ou significar.

Ora, isso é incompatível com uma linguagem que, por natureza e vocação, deve atribuir valor às coisas que narra. Ao contrário do que nos propõe o racionalismo da objetividade, tanto para o jornalista narrador quanto para a narração jornalística, as coisas (os fatos, as falas, os protagonistas que agem ao dizer e dizem ao agir...) valem pelo que significam. Se não fosse assim, não haveria como justificar o jargão nutrido até pelos defensores da objetividade, aquele que, nos manuais, manda começar a notícia "pelo que é mais importante".

Trata-se de uma regrinha de inquestionável eficácia, nas artes do "bem fazer" jornalismo, que, embora pareça tributo à objetividade, pertence na verdade ao mundo abstrato da interpretação – porque não é possível à mente humana escolher ou determinar "o mais importante" sem o exercício subjetivo da valoração dos fatos a narrar.

Os fatos jornalísticos têm a sua dimensão material, sim. Ela é, aliás, indispensável à articulação narrativa. Mas notícia e reportagem não são relatos frios de coisas meramente materiais. No âmago dos conteúdos, a clareza cognitiva está associada à percepção de causas, efeitos e significados do acontecido.

Ou seja: os fatos valem pelas razões que os geram, pelas intenções que os controlam e pelas conseqüências que produzem ou podem produzir.

No jornalismo, a objetividade simplesmente não existe. Porque a observação e o relato estão no espaço estético da intervenção individual, sob a perspectiva escolhida pelo sujeito narrador. Não há como ser objetivo no exercício criativo de escolher ângulos, enfoques e relevâncias.

Há quem confunda objetividade com precisão. Pois são coisas diferentes. Objetividade pertence ao universo das atitudes mentais. É um conceito de "objeto real", a ser visto pelo que é, não pelo que significa. Já a precisão é o resultado do uso competente de um conjunto de técnicas (de observação e captação) que servem aos fundamentos da linguagem jornalística, para que nela seja preservada a natureza asseverativa, sua principal característica.

Devemos às crenças da objetividade a criação e a manutenção do velho paradigma que propõe a divisão do jornalismo em classes de textos opinativos e textos informativos. Trata-se de uma fraude teórica surpreendentemente persistente, já secular.

A conservação dessa matriz mentirosa esparrama efeitos que, além de empobrecer o ensino e a discussão do jornalismo, tornam cínicas as suas práticas profissionais. Fala-se em separação de opinião e informação como se a manchete não contivesse um ponto de vista, ou não fosse o resultado de uma intervenção opinativa provavelmente complexa.

No ofício de fazer reportagens, entrevistas, notícias e editoriais, o jornalista exercita a arte de narrar ou argumentar. E o faz associando os fatos às idéias, os dados às emoções, os acontecimentos à reflexão, os sintomas ao diagnóstico, a observação à explicação, o pressuposto à aferição.

Não há, pois, como definir uma fronteira entre opinião e informação. Pela simples razão de que não existe essa fronteira.

Existe, sim, uma relação interativa, dialética, estratégica, criativa, permanente, entre informação e opinião. E nessa relação se constrói o jornalismo, tanto nos esquemas da narração (para relatar os fatos) quanto nos esquemas da argumentação (para comentar os fatos).

O que dá estrutura, eficácia e beleza ao discurso jornalístico é a variedade das formas (gêneros e espécies) agrupadas em esquemas narrativos e esquemas argumentativos – ambos com informação e opinião, em proporções e estratégias diferenciadas.

No plano pragmático da linguagem, o principal problema que se coloca ao jornalismo atual está em algo a que podemos chamar de "Revolução das Fontes". Uma revolução gerada pelas tecnologias de difusão, graças às quais a notícia se tornou a mais eficaz ferramenta do agir institucional, nos cenários e conflitos da atualidade.

As fontes, hoje sujeitos institucionalizados, se capacitaram para produzir acontecimentos noticiáveis. Aprenderam a gerar conteúdos e a interferir na pauta jornalística. E transformaram o jornalismo em espaço público dos conflitos em que se movimentam, usando-o para agir e interagir no mundo, à luz dos seus interesses, provavelmente legítimos.

Para a democracia, é ótimo que os sujeitos sociais sejam capazes de articular e difundir os seus próprios discursos. Mas o jornalismo precisa, urgentemente, descobrir, tomar consciência, se preparar para exercer os novos papéis que lhe cabem, em uma sociedade movida pelas energias da informação e pelos embates discursivos de instituições que sabem o que dizer, como dizer e quando dizer.

A discussão, complexa, deve ser iniciada pelo reconhecimento de que o jornalismo entrou no século XXI em estado de crise. E, para bem enxergar o que se passa, deve-se recuperar o que se entendia por jornalismo antes de a crise surgir.

Em seu livro *A opinião no jornalismo brasileiro*, José Marques de Melo percorre alguns dos autores que ao longo do século XX mais profundamente estudaram o assunto. E propõe a seguinte síntese:

> Jornalismo é concebido como um processo social que se articula a partir da relação (periódica/oportuna) entre organizações formais (editoras/emissoras) e coletividades (públicos receptores), através de canais de difusão (jornal/revista/rádio/televisão...) que asseguram a transmissão de informações (atuais) em função de interesses e expectativas (universos culturais ou ideológicos).

Temos, aí, o entendimento do jornalismo como processo inteiramente controlado pelo jornalista, em torno do qual tudo girava. Trabalhava-se com uma noção passiva de atualidade ("as coisas que aconteciam"), sobre a qual o jornalista atuava de forma determinante, com a sua capacidade de "captar e recriar fatos". Só acontecia o que fosse noticiado pelo jornalista, e sob sua decisão. Logo, não havia notícia fora do jornalismo e sem a intervenção mediadora do jornalista. E as fontes, reduzidas a entes sem vida própria, nem citadas eram. Como se não fizessem parte do todo.

A crise resulta da superação desses conceitos pela realidade nova, moldada no ambiente criado pelas modernas tecnologias de difusão. E a mais importante decorrência da vertiginosa evolução tecnológica é, a meu ver, a irreversível expansão de práticas e estruturas de democracia participativa, com sujeitos sociais dotados de alta capacidade de intervenção na vida real de nações e pessoas.

Nessa nova realidade, o *todo* do processo jornalístico foi profundamente alterado por uma nova relação entre o *fato* e a *notícia*. No velho conceito e na velha realidade, havia um intervalo – o intervalo que o poder das redações ocupava – entre "o acontecido" e "o noticiado". Na ocupação desse intervalo, e no controle que exercia sobre a atualidade, se fundamentava o poder da ação jornalística.

Pois esse intervalo desapareceu, e aí está a razão primeira da crise. As redações perderam o controle sobre a notícia, que corre o mundo na dimensão do tempo real, livre e solta, em redes universais, para efeitos imediatos.

O controle da notícia pertence, hoje, a quem produz os acontecimentos, os fatos, as falas, ou seja, os conteúdos discursivos que o jornalismo socializa.

Tendo "o fato produzido" e a sua notícia como principais ferramentas de ação, as fontes, antigamente passivas, se transformaram em instituições deliberadamente produtoras de conteúdos, por meio de fatos noticiáveis.

Mas o jornalismo não está destruído. Ao contrário: como espaço público de embates discursivos e linguagem confiável de relato e comentário, cumpre papel cada vez mais importante nas sociedades democratizadas e nos processos da construção democrática.

Em tempos de revolução das fontes, duas recomendações devem ser feitas aos jornalistas em formação, nas faculdades, ou em início de carreira, nas redações – para os quais escrevo preferencialmente:

1   Olhar e entender, sem arrogância nem frustrações, a dinâmica nova em que atuam.
2   Cultivar a sabedoria da humildade.

São veredas que podem ajudar a alcançar a lucidez necessária para descobrir e compreender os novos papéis que o mundo de hoje solicita dos jornalistas. Provavelmente, papéis de narrador crítico, confiável, independente, radicalmente honesto, comprometido com o projeto ético da sociedade – intelectualmente preparado para a observação, o entendimento e a elucidação dos conflitos da atualidade.

Como autor, espero que este livro, em sua terceira edição, continue a ajudar na formação de bons profissionais, para os tempos novos do jornalismo.

MANUEL CARLOS CHAPARRO

Prefácio à primeira edição

ESTE LIVRO É O resultado de uma longa e obstinada reflexão. Longa, porque seu autor concebeu-o com o verniz amadurecido e resistente de um tempo de maturação, tempo que descortina a riqueza de uma vida diversificada no jornalismo e um bem aproveitado espaço de estudos na pós-graduação. Obstinada, sim, porque Manuel Carlos Chaparro é um espírito talhado com a faca da vontade. De sua longa caminhada de modesto operário, quando jovem, em Portugal, ao patamar de pensador arguto – porém sempre modesto – emergem um fio de garra e amplos objetivos cumpridos. Como os vinhos velhos, com seu buquê esplendoroso, este trabalho carrega sabor e aroma de surpresa e novidade.

A surpresa está no próprio objeto central da proposta. Trata-se de uma investigação em torno de um conceito complexo, que demanda habilidade (e coragem) para ser analisado: a questão da intenção. Ao final da leitura desta reflexão, os resultados são bastante gratos. O tema é analisado com propriedade e o estudo da "intenção como liga que funde a ética, a técnica e a estética, componentes solidários e inseparáveis das ações jornalísticas", converge em uma descrição fluida e clara sobre o que o autor denomina de "macropragmática da ação jornalística".

A teia de relações construída escancara questões centrais do jornalismo, como o jogo de intenções que motivam as mensagens, os princípios éticos (e aéticos) que emolduram o dia-a-dia das redações, chegando até nas formas como o leitor decide selecionar uma mensagem, estejam claras, explícitas ou não as intenções das fontes e dos codificadores. Chaparro põe a nu as contradições e incongruências dos operadores jornalísticos. Desvenda o que está por trás dos discursos éticos, desmancha as paredes aparentemente sólidas (e sempre usadas como pretexto) da objetividade e desenha as artimanhas do poder por trás da manipulação das informações.

Para cercar o núcleo do objeto, valeu a experiência do profissional. Conhecedor dos meandros e cantinhos das redações, construiu um interessante (e original) processo de busca, por meio do rastreamento de reportagens. Trata-se, na verdade, de um eficiente método para descobrir as dissonâncias entre o dito e o não-dito, a verdade e as versões, as mentiras, as falsidades, os objetivos explícitos e implícitos das fontes. O leitor, destino das ações jornalísticas, como elo final do sistema, arredonda a operacionalidade e eficácia do método. Certamente, esta maneira de abordar o fenômeno abre amplas janelas para os pesquisadores do fato jornalístico.

De forma lógica, idéias e capítulos bem concatenados, o autor nos presenteia com uma imensa trilha do caminhar jornalístico, aí insertos os marquetizados manuais de redação, transformados em fortes centros de poder, controle e irradiação de influência. Chaparro mostra as deficiências, as falhas e dissonâncias dos manuais, expondo-os no amplo corredor entre a teoria e a prática.

E, arrematando a reflexão, encontramos um fluxograma que estabelece as relações entre os conceitos-chave que guiam os capítulos: ação consciente–fazer–técnicas–estética–intenções–razões éticas–relato veraz e processo social. Trata-se, enfim, de um esforço extraordinário para reunir, num só livro, idéias e pensamentos que ocupam diversos campos do conhecimento. É um livro multidisciplinar, bem amparado pela rigidez de conceitos já consagrados, costurados pela paciência do jornalista–artesão, que domina, com rara sensibilidade e expressividade, as áreas do texto, da estética e enquadramento das massas jornalísticas nos espaços, do fotojornalismo, dos processos de edição e até dos processos de produção industrial e gráfica.

Manuel Carlos Chaparro consegue oferecer ao leitor brasileiro um livro denso, cheio de novidades e muito útil para a compreensão da realidade jornalística nacional.

GAUDÊNCIO TORQUATO
São Paulo, setembro de 1993

INTRODUÇÃO

Jornalismo: *fazeres* intencionados

A PROPOSTA FINAL deste livro confere ao componente *intenção* o valor de atributo de equilíbrio e unidade do bom texto jornalístico, entendido como o relato verdadeiro e compreensível da atualidade. Na essência dessa proposta está a convicção de que a intenção é a liga que funde Ética, Técnica e Estética, tríade solidária e inseparável das ações jornalísticas.

(*A palavra* liga *é aqui utilizada com o sentido colhido da simbologia chinesa, segundo a qual "a grande obra do fundidor não estará terminada a menos que as cinco cores se equilibrem, e que o cobre e o estanho não se possam separar".*[1])

As pesquisas e reflexões que conduziram a essa proposta, e lhe dão sustentação, desenvolveram-se a partir e em torno de três inquietações desencadeadoras:

1 Como se manifestam, se escondem ou se simulam os propósitos que motivam e as intenções que controlam as mensagens jornalísticas, na imprensa diária brasileira?

2 Que interesses estão conectados a tais propósitos e que princípios éticos inspiram as intenções ordenadoras da ação jornalística?

3 Que influência a explicitação ou não-explicitação das intenções exerce na vontade do leitor, no que se refere à decisão de ler ou não ler, aceitar ou rejeitar a mensagem?

Na busca de respostas, dois caminhos foram seguidos, simultâneos e convergentes:

A Um caminho de observação, para a captação de dados e indícios que permitissem construir um cenário significativo de práticas jornalísticas, na convicção de que essas práticas, se observadas com critérios, são inevitavelmente reveladoras de propósitos e intenções do "fazer".

B O outro caminho foi o da busca de conexões teóricas para o entendimento e a explicação dos fenômenos observados e para a sustentação da proposta final do trabalho.

A captação de indícios se deu ao longo de 1991 e 1992, por meio da leitura atenta e sistemática dos jornais *Folha de S.Paulo* e *O Estado de S. Paulo*, escolhidos como território delimitado de pesquisa. Dessa leitura recortamos e aproveitamos exemplos (adequados aos objetivos do projeto) relatados e analisados na Parte II do livro.

Antes, porém, no segundo semestre de 1989 e no primeiro semestre de 1990, realizamos, como pesquisa preliminar, o rastreamento de reportagens recém-publicadas ou em execução. Entenda-se rastreamento como o registro descritivo dos principais momentos da produção de dada reportagem, com base na observação direta, ou pela dissecação e reconstituição (por meio da obtenção e comparação de depoimentos dos principais intervenientes).

O rastreamento por dissecação/reconstituição teve os seguintes procedimentos: escolhida a reportagem (os critérios de escolha serão devidamente explicados), fazia-se a dissecação do conteúdo e procedia-se – para fins de comparação com o texto publicado – à reconstituição da teia narrativa, por intermédio de entrevistas com editores, pauteiros, repórteres e fontes protagonistas.

O rastreamento por observação direta começava (sempre que possível) na primeira reunião de pauta, durante a qual se escolhia a reportagem a ser rastreada. Escolhida a reportagem, o pesquisador acompanhava o repórter ao longo de todo o trabalho de coleta de dados e depoimentos, fazendo seus próprios registros, para serem comparados com o texto publicado no dia seguinte.

Foi um trabalho de alta dificuldade, devido à natural resistência de editores e repórteres a esse tipo de exposição e avaliação. A pesquisa exigiu paciência, persistência e cuidado extremo, para não ferir suscetibilidades que pudessem levantar barreiras intransponíveis.

No total, nove reportagens foram rastreadas, quatro em *O Estado de S. Paulo*, cinco na *Folha de S.Paulo*. Em quatro das reportagens aplicou-se a metodologia do rastreamento por dissecação/reconstituição; nas outras cinco, a observação direta do trabalho do repórter. O relato dessa observação constitui a Parte I do trabalho.

A busca de conexões teóricas nos levou à Pragmática, que, com a Sintática e a Semântica, compõe o tripé das vertentes básicas que a Semiologia criou e desenvolveu.

Pragmática é o ramo da ciência que se dedica à "análise das funções dos enunciados lingüísticos e de suas características nos processos sociais", na síntese de van Dijk;[2] ou "o fenômeno das relações dos elementos discursivos com os usuários, produtor e interpretador do enunciado", na explicação de Lamiquiz[3] – importando dizer que, para qualquer das definições, as propriedades pragmáticas da mensagem dependem das experiências anteriores de emissor e receptor, e de suas circunstâncias atuais.[4]

A nosso ver, o jornalismo tem na Pragmática o canal de conexão com o saber e a erudição da Lingüística, que, ao lado da Sociologia, pode ser considerada a ciência-mãe da Comunicação.

Um mergulho a essas raízes ajudará a dar consistência científica ao entendimento e ao desenvolvimento do jornalismo enquanto narração da atualidade para alimentar processos sociais.

Diríamos mais: enquanto processo social de comunicação, o jornalismo situa-se no campo da Pragmática. E na Pragmática – mais do que na Semântica – deverá encontrar fundamentações teóricas essenciais, para ser pensado, realizado, compreendido e aperfeiçoado.

Etimologicamente, o termo *pragmática* origina-se do grego *pragmatikós*, relativo aos atos que devem ser feitos. Como ciência, deriva do Pragmatismo, doutrina filosófica criada por Charles Sanders Peirce (1839-1914), também considerado o pai da Semiologia ou Semiótica. As primeiras formulações foram expostas em artigo de janeiro de 1870 (How to make our ideas clear, *in Popular Science Monthly*, janeiro de 1878), texto de complexa densidade em que Peirce expôs pela primeira vez sua máxima pragmática: "Considerem-se quais efeitos – efeitos que possam concebivelmente ter conseqüências práticas – imaginamos possua o objeto de nossa concepção. Nesse caso, nossa concepção de tais efeitos constitui a totalidade de nossa concepção do objeto".[5]

Ou seja: o significado de uma concepção se expressa em conseqüências práticas.

No entender de Peirce, vários comentaristas deram à interpretação dessa máxima rumos deformadores. Entre eles outro filósofo igualmente famoso, William James (1842-1910), que, partindo das idéias de Peirce (de quem foi colega), expandiu o pensamento original, vinculado a sistemas. Os estudos de James fizeram dele, para muitos, o verdadeiro pai do Pragmatismo como doutrina filosófica. E de James recortamos uma idéia central, como referência para eventuais reflexões: "Uma idéia é aquilo que, posto à prova, revela o seu valor".[6]

Peirce, entretanto, trouxe o Pragmatismo do campo geral dos conceitos para a categoria dos símbolos, e aí, provavelmente, criou a Pragmática como ramo da Semiótica. Isso aconteceu em 1905, quando Peirce reformulou sua máxima, dando-lhe a seguinte definição: "Todo o propósito intelectual de qualquer símbolo consiste na totalidade dos modos gerais de conduta racional que, na dependência de todas as possíveis e diversas circunstâncias e desejos, assegurariam a aceitação do símbolo".[7]

Nesse Pragmatismo semiótico, de Peirce, "o concretamente observável é indispensável para a apreensão dos significados" e "toda a função do pensamento é produzir hábitos de ação".[8] Ou seja: o conhecimento é uma ferramenta a serviço da ação; logo, a verdade de uma proposição consiste no fato de que ela seja útil.

O pensamento pragmático de Peirce, na análise de Cherry,[9] tem duas pedras angulares: 1) os signos são usados somente em relação a outros signos, mas nunca isoladamente; cada signo exige outro signo, "para interpretá-lo"; 2) cada situação de signo tem uma natureza essencialmente triádica (signo–*designatum*–usuário). Assim, cada signo significa algo para alguém – logo, o usuário está essencialmente implicado.

Como ciência, a Pragmática só a partir dos anos 1960 se desenvolveu, ganhando características interdisciplinares. A Psicologia, a Sociologia, a Antropologia e a Lingüística, em particular, estimularam a utilização da Pragmática para analisar os fenômenos da comunicação humana, pelas diferentes perspectivas especializadas.

Entre as diversas abordagens disciplinares no estudo da linguagem vamos encontrar, por exemplo, as classificações de inspiração lingüística, que estabelecem uma divisão de áreas de estudo entre a Sintática (relações entre signos), a Semântica (relações entre signos e seus objetos, materiais ou abstratos) e a Pragmática (relações entre signos e seus usuários).[10] Outros teóricos produziram classificações coerentes com a lógica funcionalista, relacionando a Pragmática com o problema da eficácia (o efeito dos sinais sobre o comportamento do receptor), alocando à Sintática o problema técnico (os sinais e sua transmissão) e à Semântica o problema da significação.[11]

No enfoque da Psicologia, a Pragmática está relacionada com os efeitos comportamentais da comunicação. Paul Watzlawick, Janet Helmick Beavin e Don D. Jackson,[12] que trabalham nessa perspectiva, acrescentam às ações dos comportamentos pessoais as pistas de comunicação inerentes ao contexto em que ela ocorre. Assim, deste ponto de vista, "todo o comportamento é comunicação e toda a comunicação afeta o comportamento".

Como assinala Catherine Kerbrat-Orecchioni,[13] da Universidade de Lyon, existem na Pragmática, atualmente, duas correntes predominantes, "contíguas", em vários aspectos complementares e reciprocamente invasivas: a Pragmática lógica, voltada para o estudo das relações entre os signos e os usuários; e a abordagem da linha filosófica, para a qual a Pragmática é o "estudo dos atos da linguagem".

Para qualquer das vertentes, o uso da Pragmática localiza-se quase exclusivamente na Análise do Discurso, que nos anos 1970 e 1980 se tornou a disciplina de maior sucesso no campo da Semiótica. Quanto mais se amplia essa disciplina, mais difícil se torna compreendê-la e falar dela. Tantas são as correntes que Dominique Maingueneau[14] considera compreensível *que a noção de Análise do Discurso seja uma espécie de "coringa" para um conjunto indeterminado de quadros teóricos.*

Qualquer que seja, porém, a especificidade disciplinar dos campos a que serve, a Análise do Discurso tem conexões inevitáveis com o ferramental metodológico da Lingüística. Maingueneau aceita a fórmula de J. J. Courtine,[15] segundo a qual, ao se lidar com a Análise do Discurso, "é preciso ser lingüista e deixar de sê-lo ao mesmo tempo". Se por um lado a discursividade define "uma ordem própria, diversa da materialidade da língua", por outro, esta ordem "se realiza na língua". Nessa aparente contradição – própria da categoria da contextualização – está a Pragmática. Diz Lamiquiz:[16]

Pragmática é o fenômeno das relações dos elementos discursivos com os usuários, falante produtor e ouvinte interpretador do enunciado, e com as condições ambientais em que se produz a intercomunicação. A Pragmática é, pois, independente do funcionamento lingüístico, mas participa eficientemente no resultado comunicativo desse funcionamento.

No jornalismo, as ações, os fazeres e seus contextos são de alta complexidade, pois se trata de um processo social e cultural de intermediação, com múltiplos emissores produtores (de informações e opiniões) e receptores usuários.

Por isso optamos pela linha teórica de Teun A. van Dijk – que desenvolve uma visão macropragmática dos atos de linguagem – para estabelecer a conexão entre jornalismo e Pragmática. Em seus estudos, van Dijk trabalha essa conexão, com notável consistência teórica.

Só depois dos anos 1960 a Pragmática foi incorporada ao ferramental teórico da gramática lingüística como componente da descrição contextual, relacionada com o ato social cumprido ao se utilizar determinada asserção em uma situação específica. Essa é uma extensão não alcançada pelos níveis fonológicos, morfológicos, sintáticos e semânticos da descrição textual.

Em *La noticia como discurso*,[17] Teun van Dijk sustenta que só uma descrição pragmática pode especificar que tipos de atos (sociais) de fala – dos quais *asseverar* é próprio do jornalismo – ocorrem em dada cultura. A Pragmática descreve também as regras que determinam em que condições tais atos são apropriados em relação aos contextos em que ocorrem.

Mas não é da Análise do Discurso que nos ocupamos, e sim da ação jornalística, da sua compreensão como ato de linguagem e de como a Pragmática dá conta disso. E, aí, torna-se necessário um aprofundamento nos estudos de Teun van Dijk, desenvolvidos para a construção de uma ciência do texto.

A conexão teórica entre jornalismo e Pragmática está assentada no reconhecimento de que a utilização da língua não se reduz a produzir um enunciado, senão que esse enunciado é a execução de uma ação social. Eis aí a descoberta que serviu de base ao desenvolvimento da Pragmática como ciência moderna.

Partindo desse princípio, escreve van Dijk:

> Assim como na Semântica as orações (ou os textos) podem ser "verdadeiras"ou "falsas", também na Pragmática os atos de fala podem "ter êxito" ou "fracassar" em um contexto concreto. A Pragmática se ocupa, entre outras coisas, da formulação de tais condições para o êxito dos atos de fala. [...] Estas condições estão relacionadas com os conhecimentos, os desejos e as obrigações dos falantes.[18]

O percurso teórico deve passar pelos conceitos de *ação* e *sucesso*. E van Dijk o faz,[19] trabalhando com a idéia de que o conceito de sucesso se refere à *modificação*, "por exemplo, a modificação de um estado em outro, denominados, respectivamente, *estado inicial e estado final*" – com estado representando, aí, a concepção abstrata "de um 'mundo possível' composto de uma série de objetos com determinadas características e relações".

O sucesso se produz quando, "em um determinado estado, se agregam ou suprimem objetos ou quando os objetos adquirem outras propriedades ou passam a relacionar-se entre si de outra maneira".

Outro aspecto importante na lógica dessa *teoria da ação*: a modificação do estado é uma função do tempo (o *estado final* de um sucesso é posterior ao *estado inicial*). "As modificações dos estados podem ocorrer em várias fases sucessivas, através de uma série de estados intermédios que duram um período de tempo determinado" – e a essa dinâmica van Dijk chama de *processos*. Aprofundando o nível de abstração, van Dijk vê uma relação dialética, criativa, entre *sucesso* e *processo*: a modificação dentro de um *sucesso* ou *processo* adquire também o significado de *sucesso*, e a cadeia de modificações pode-se alongar infinitamente.

A trasladação dessa teoria da ação para o campo definido do jornalismo leva à afirmação de que o *acontecimento* (do qual o relato informativo faz parte) é uma forma de *processo*, com capacidade maior ou menor de desorganização e reorganização social.[20] A intervenção do relato jornalístico em acontecimentos complexos ou com elevado potencial de complexidade pode assumir dimensão de *sucesso* dentro do processo e, até, desencadear *processos* derivados.

Esse é o universo do *fazer*.

Quando fazemos algo, à ação corresponde uma modificação no estado do nosso corpo. Movemos os braços, as mãos e a boca para comer, por exemplo. Na maioria dos casos, as modificações externas são visíveis e controláveis, isto é, podemos dominar seu começo, sua continuidade e seu término – e isso, na definição com que van Dijk trabalha, é *fazer*. No *fazer* se incluem aquelas modificações do corpo que, mesmo acontecidas inconscientemente – um piscar de olhos, ou o movimento involuntário dos dedos dos pés, por exemplo –, são controláveis.

Dentro do princípio estabelecido, não podemos chamar de *ações* uma aceleração cardíaca ocorrida durante o sono ou as modificações do estado do corpo provocadas por outros, por se tratar de modificações não controláveis.

Escreve van Dijk: "Dado que um *fazer* unicamente pode ter lugar em uma situação na qual o (auto) controle ou a controlabilidade são importantes, não se trata só de um 'corpo' senão de uma *pessoa* e um *sujeito*" – localizando, assim, o *fazer humano* no âmbito do cognitivo, sem o que o conceito de ação não seria satisfatório.

E surgem, então, o *propósito* ou a *intenção,* porque – no exemplo usado por van Dijk – há uma diferença entre "guinar os olhos" e a ação de "guinar os olhos para alguém", um *fazer* determinado de maneira consciente e controlada. "Sempre que se leva a cabo uma ação existe o *propósito* ou a *intenção* de executar um fazer", escreve van Dijk. E está aí um dos núcleos definidores da Pragmática.

Na etimologia, *intenção* e *propósito* querem dizer coisas diferentes.

Propósito vem do latim *propositus (pro + positus* = colocado para a frente), significando *visualização ideal ou imaginativa de um plano ou o fim de uma ação.*[21]

Intenção deriva do latim *intentio,* por sua vez de *in* e *tendo,* e este do grego *teinô,* que significa *tender, desenvolver-se, dirigir-se para algo.* Na Filosofia, intenção tem o sentido de tudo que segue uma orientação, um vetor, como o agente que tende para a sua operação, o ente para o ser.[22]

Teun van Dijk caracteriza uma *ação* como simplesmente a combinação de uma *intenção* e um *fazer.* E lembra que, "tanto na Ética como na filosofia do Direito, sempre é importante que em princípio sejamos os responsáveis de nossas ações, precisamente porque são conscientes, controláveis e intencionadas".

Já o *propósito,* como elemento da Pragmática, se refere ao *objetivo,* à *finalidade* da ação. Esse conceito de propósito implica que "devemos distinguir entre intenções e propósitos", diz van Dijk. "Uma *intenção* se refere unicamente à execução de um fazer, enquanto um *propósito* se refere à função que este fazer ou esta ação podem ter."[23]

A ação de ligar a ignição de um carro se realiza para iniciar uma viagem; levantar o telefone do gancho e discar um número é uma ação determinada pelo objetivo de falar com alguém; quando decidimos beber água, o que pretendemos é eliminar a sede. Como diz van Dijk, "a maioria das nossas ações está embutida em um propósito". Ou seja: é direcionada para os resultados.

Por essa lógica, o *propósito* pode gerar uma *intenção*, mas o inverso não ocorre, porque a *intenção* é o elemento de consciência que controla o *fazer*. Esgota-se na ação, enquanto o propósito procura os efeitos.

Falta injetar na lógica de van Dijk e na sua teoria da ação as variáveis da Ética e da Moral, indispensáveis e preponderantes quando as ações têm razões, significados e características sociais. Os índices remissivos de *La ciencia del texto* e de *La noticia como discurso* não inserem as palavras *ética* e *moral*, apesar dos vínculos fortes estabelecidos entre Pragmática e Comunicação.

Ora, se a *intenção* controla conscientemente a *ação*, quando se trata de comunicação social, em especial quando a ação está na esfera da informação de interesse público, a *intenção impõe o caráter moral à ação*, e esse caráter moral, por sua vez, *deve estar conectado a um princípio ético orientador*.

As ações de comunicação social que se realizam pelos *mass media* têm todas elas em seus *fazeres* a característica comum de processarem informações.

Albertos tipifica a comunicação de massa em quatro variantes e usa como critério diferenciador os *propósitos* ou os *motivos sociais* que determinam o tratamento dado à informação. A *intenção* que controla o *fazer* é gerada, portanto, pelo estímulo do *propósito* ou pela orientação do motivo. É a seguinte a classificação criada por Albertos:[24]

1   *Informação de atualidade*, ou *jornalismo*, que tem como fim específico "a difusão objetiva de fatos através da informação e interpretação dos acontecimentos que são notícia".

2 *Propaganda*, cujo fim específico é a "difusão de idéias ou doutrinas pela via da sugestão emotiva, para alcançar certo grau de coação sobre os receptores", tendo em vista interesses da pessoa ou entidade emissora.

3 *Anúncio* ou *publicidade comercial*, que "difunde mercadorias entre os consumidores, num regime de mercado competitivo", para vender.

4 *Relações públicas*, das quais o fim específico é a "difusão parcial de fatos e idéias relacionadas com uma atividade ou serviço, com o objetivo de criar um clima de cordialidade pública favorável a esse serviço".

À classificação de Albertos é preciso acrescentar duas observações de natureza conceitual.

A primeira, extraída de Marques de Melo,[25] para quem jornalismo, propaganda e relações públicas "são atividades informativas essencialmente diferentes", tendo como fronteira o território da *persuasão*. "Enquanto a propaganda e as relações públicas processam mensagens que pretendem persuadir e levar os cidadãos à ação, adentrando muitas vezes o espaço do imaginário e apelando para o inconsciente, o jornalista atém-se ao real."

A segunda observação é extraída de Kincaid Jr.:[26] "Qualquer assunto importante para uma organização que mereça ser divulgado num meio de comunicação de massa, sem ônus para a organização, é propaganda". Kinkaid Jr. caracteriza, assim, a propaganda como ferramenta de relações públicas.

É importante salientar que, das quatro variantes da classificação de Albertos, jornalismo é a única não motivada pelos efeitos posteriores à difusão. A ação jornalística esgota-se na finalidade de informar. Não vai, pois, além da recepção da mensagem, momento de início de outro processo.

E porque os propósitos jornalísticos se limitam à finalidade de informar tendo em vista o interesse público, a *intenção* – controle consciente do *fazer* – precisa de um princípio ético ou de um valor moral para escolher e administrar criativamente as técnicas do *fazer*, tendo em vista a elaboração estética.

⌒

Podemos agora estabelecer:

1 Jornalismo é um processo social de ações conscientes, controladas ou controláveis – portanto, *fazeres* combinados com *intenções*.
2 Porque as ações são conscientes, controláveis e intencionadas, cada jornalista é responsável moral pelos seus *fazeres*.
3 Se uma *intenção* se refere unicamente à execução de um *fazer*, então as intenções dos fazeres jornalísticos estão necessariamente vinculadas aos motivos éticos próprios do jornalismo.

⌒

A âncora ética do jornalismo, da qual deriva a responsabilidade moral de cada jornalista pelo seu *fazer*, é o direito individual e universal *de investigar, receber e difundir informações e opiniões*. O artigo 19 da Declaração Universal dos Direitos Humanos, de 1948, estabelece: "Todo indivíduo tem direito à liberdade de opinião e de expressão; este direito inclui o de não ser molestado por causa de suas opiniões, o de investigar e receber informações e opiniões, e o de difundi-las sem limitação de fronteiras, por qualquer meio de expressão".

Está aí, delimitado, o território do interesse público próprio do jornalismo. É um território de conflitos, pois o direito declarado, na sua definição de universalidade pessoal ("Todo o indivíduo tem direito..."), estabelece de imediato que esse direito deve ser assegurado aos que não o podem exercer. Desantes[27] trata dessa discriminação social ao lembrar que está reservado a poucos o acesso aos meios informativos. "Todas as cautelas prévias ou simultâneas que supõem peneiras de qualquer tipo [...] constituem cortes consideráveis dados ao tronco da universalidade subjetiva do direito à informação", escreve Desantes. Às vezes – até dentro dos próprios jornais – estas limitações se estendem aos profissionais da informação, submetidos a controles administrativos e ideológicos.

Por isso, lembra Desantes, "o direito à informação não pode realizar-se somente a partir do seu reconhecimento nas declarações constitucionais de direitos nacionais; são necessárias as declarações supranacionais e universais, sincera e efetivamente aplicadas".

Jornalismo é o elo que, nos processos sociais, cria e mantém as mediações viabilizadoras do direito à informação. Eis aí o vínculo com o princípio ético universal que deve orientar a moral das ações jornalísticas e em função do qual o jornalista assume a responsabilidade consciente pelos seus *fazeres* profissionais.

É importante, entretanto, distinguir Ética e Moral.

A palavra *ética* deriva da grega *ethos*, que significa costume. Etimologicamente, portanto, é sinônimo de moral, termo originado do latim *mos, moris,* que também significa costume. Mas, com Aristóteles, a Ética passou a ser ciência, a ciência da Moral. A partir de então, a Moral tornou-se a disciplina que estuda e regula as ações do comportamento humano, e a Ética, a teoria ou ciência que estuda esse comportamento.

Sánchez Vásquez define os dois campos dentro de uma visão moderna:[28]

> A Moral cuida dos problemas práticos, isto é, dos problemas que se apresentam nas relações afetivas, reais, entre os indivíduos, ou quando se julgam certas decisões e ações dos mesmos. Mas trata-se de problemas cuja solução não concerne somente à pessoa que os propõe, mas também a outras pessoas que sofrerão as conseqüências da sua decisão e da sua ação.

Dá exemplos com hipóteses de situações práticas freqüentes no cotidiano de todos nós: – Devo cumprir a promessa "y" que fiz ontem ao meu amigo "x", embora isso me traga alguns prejuízos? Se alguém à noite se aproxima de mim de forma suspeita, devo aproveitar o fato de ninguém estar vendo para atirar nessa pessoa? Devo dizer sempre a verdade ou há ocasiões em que posso mentir? Podemos considerar bom o homem que se mostra caridoso com o mendigo que lhe bate à porta mas, como patrão, explora impiedosamente os operários da sua empresa?

É fácil imaginar situações similares no dia-a-dia do jornalista: a dúvida entre o revelar e o omitir uma informação que contraria os interesses de certa fonte importante; a decisão de fazer um título positivo ou negativo em relação a um ministro amigo; a opção de colaborar ou não com a polícia, divulgando ou evitando a divulgação de certas notícias; aceitar ou recusar um convite para jantar com gente do governo ou dos departamentos de relações públicas de empresas interessadas em divulgação; adequar ou não o texto ao interesse ideológico dos editores, quando estão em jogo informações importantes para o relato verdadeiro dos fatos; resistir ou ceder à tentação de aproveitar o poder de informar para se vingar de alguém de quem não se gosta ou de quem se tem razões de queixa...

Como ciência da moral, isto é, do comportamento humano, a Ética – usando ainda as definições de Vásquez – proporciona "conhecimentos sistemáticos, metódicos e, no limite possível, comprováveis" sobre esse setor da realidade que chamamos de Moral, constituído de atos humanos "conscientes e voluntários que afetam outros indivíduos, determinados grupos sociais ou a sociedade em seu conjunto".

Ao estudar os costumes do comportamento humano, a Ética acaba influenciando na Moral, inspirando a criação, supressão ou mudança dos princípios que as sociedades assumem como valores maiores e aos quais os costumes morais devem submeter-se. Exemplo: ao ser estabelecido pela Constituição do Brasil que "todo o poder emana do povo, por meio de representantes eleitos ou diretamente", oficializa-se um princípio ético que nenhuma norma de costumes políticos (como a legislação eleitoral ou partidária) pode contrariar. É um princípio claro, peremptório, irrefutável, que expressa a vontade do povo, interpretada pelos teóricos da Ética.

Da mesma maneira, o direito à informação e à liberdade de expressão, preceitos constitucionais, são princípios éticos que devem nortear todas as leis reguladoras dos costumes na informação, desde a Lei de Imprensa aos manuais de redação. Nesses dois exemplos estão representadas duas categorias hierárquicas de Moral: uma de Moral geral (Lei de Imprensa), e outra, decorrente, de Moral particular. E existe, ainda, a categoria da Moral individual, que, no caso dos jornalistas, pode ser exemplificada no Código de Ética da profissão – muito mais um código moral, de natureza comportamental, do que de ética.

Nele se lê um roteiro de obrigações de comportamento como estas:

> É dever do jornalista combater e denunciar todas as formas de corrupção; divulgar todos os fatos que sejam do interesse público; lutar pela liberdade de pensamento e expressão; opor-se ao arbítrio, ao autoritarismo e à opressão; defender os princípios expressos na Declaração Universal dos Direitos Humanos.[29]

Não faltam, portanto, nem princípios éticos motivadores nem normas morais orientadoras da intencionalidade, para que nos *fazeres* e nas ações do jornalismo nada se sobreponha ao dever de investigar, valorar, relatar e difundir a informação verdadeira.

Só com a Ética fundida (pela liga da *intenção*) à técnica do *fazer* será possível alcançar a Estética do relato verdadeiro, reelaborando-a permanentemente. A Estética do jornalismo é a estética do relato veraz. E, como dizia Marcuse na sua crítica à ortodoxia marxista, a renúncia à forma estética é a abdicação da responsabilidade.[30]

REFERÊNCIAS

1. Ver CHEVALIER, Jean e GHEERBRANT, Alain, *Dicionário de símbolos*, Rio de Janeiro, José Olympio, 1988.
2. VAN DIJK, Teun A., *La ciencia del texto*, Buenos Aires, Paidós, 1983, p. 79.
3. LAMIQUIZ, Vidal, *El contenido lingüístico*, Barcelona, Ariel, 1985, p. 79.
4. CHERRY, Colin, *A comunicação humana*, São Paulo, Cultrix-Edusp, 1974, p. 343.
5. PEIRCE, Charles S., *Lecciones sobre el pragmatismo*, Buenos Aires, Aguilar, 1978, p. 47.
6. Ver *Enciclopédia Delta Larousse*, tomo IV, Rio de Janeiro, Delta, 1962, pp. 2028-2029.
7. Ver MOTA, Octanny Silveira da e HEGENBERG, Leônidas, na Introdução de PEIRCE, Charles Sanders, *Semiótica e filosofia*, São Paulo, Cultrix, 1975, p. 18.
8. *Id., ibidem*, p. 21.
9. CHERRY, Colin, *op. cit.*, pp. 400-01.
10. Classificação de Charles Morris. Ver CHERRY, Colin, *op. cit.*, p. 30.
11. *Id., ibidem*, p. 367.
12. WATZLAWICK, Paul, BEAVIN, Janet Helmick e JACKSON, Don D., *Pragmática da comunicação humana*, São Paulo, Cultrix, 1991, p. 19.
13. KERBRAT-ORECCHIONI, Catherine, *La enunciación – De la subjetividad en el lenguage*, Buenos Aires, Hachette, 1986, p. 239.
14. MAINGUENEAU, Dominique, *Análise do discurso*, Campinas, Editora da Unicamp, p. 12.
15. *Id., ibidem*, p. 17. A citação é extraída do ensaio "La toque de clementis", *in Le discours psychanalystique n. 2*, 1981, p. 12.
16. LAMIQUIZ, *op. cit.*, p. 179.
17. Ver VAN DIJK, Teun A., *La noticia como discurso – Comprensión, estructura y producción de la información*, Barcelona/Buenos Aires, Paidós, 1990, pp. 47-53.
18. VAN DIJK, *Ciencia del texto, op. cit.*, p. 83.
19. *Id., ibidem*, pp. 83-85.
20. Sobre teoria dos acontecimentos na perspectiva jornalística, ver CASASÚS, Josep María, *Iniciación a la periodística*, Barcelona, Teide, 1988, pp. 52-54.

21. Ver SANTOS, Mário Ferreira dos, *Dicionário de filosofia e ciências culturais*, São Paulo, Maltese, 1963.

22. *Id., ibidem.*

23. VAN DIJK, *La ciencia del texto, op. cit.*, p. 85.

24. ALBERTOS, José Luiz Martinez, *El mensaje informativo*, Barcelona, ATE, 1977, p. 32.

25. MELO, José Marques de, *A opinião no jornalismo brasileiro*, Petrópolis, Vozes, 1985, p. 11.

26. KINKAID JR., William M., *Promoção – Produtos, serviços e idéias*, Rio de Janeiro, Zahar, 1985, p. 373.

27. DESANTES, José María, *La información como direito*, Madri, Nacional, 1974, pp. 35-40.

28. VÁSQUEZ, Adolfo Sánchez, *Ética* (12ª ed.), Rio de Janeiro, Civilização Brasileira, 1990.

29. O Código de Ética dos Jornalistas foi aprovado pelo Congresso Nacional dos Jornalistas, em setembro de 1985.

30. MARCUSE, Herbert, *A dimensão estética*, Lisboa, Edições 70, 1986, p. 59.

PARTE I

Pragmática viva

A notícia tem de ter a qualidade da verdade, para não ser a corrupção da notícia.
José María Desantes

O RASTREAMENTO

ESTA PARTE SERÁ preenchida pelo relato de algumas ações jornalísticas observadas por métodos de *rastreamento*. Entenda-se *rastreamento* como o registro descritivo dos fazeres jornalísticos, obtido em alguns casos por meio da observação direta dos diversos momentos da produção, em outros, pela dissecação crítica da reportagem publicada, com a recuperação, por meio de entrevistas, das interveniências dos diversos protagonistas e agentes da ação. Os jornais escolhidos para essa observação foram a *Folha de S.Paulo* e *O Estado de S. Paulo*. Em ambos os casos houve a ajuda de uma pesquisadora bolsista financiada pelo CNPq.

A escolha das reportagens a serem rastreadas obedeceu a três critérios, na medida do possível combinados:

1 Serem reportagens de acontecimentos socialmente relevantes.
2 Serem reportagens com alto potencial de conflito político, ideológico ou moral, com a caracterização de confronto de interesses.
3 Serem relatos de verificações feitas fora da redação, no campo dos fazeres, onde o repórter, teoricamente, exerce com liberdade a responsabilidade moral pelas opções jornalísticas.

A esses três critérios se acrescentou um quarto, metodologicamente importante: o de, com as escolhas, percorrer diferentes editorias, para captar alterações de comportamento moral e técnico provocadas pela cultura especializada de cada área ou pela prevalência de determinada categoria de interesses no jogo complexo das relações editor-pauteiro-repórter-fontes-normas internas.

Em cada um dos tipos de rastreamento, os procedimentos foram os seguintes:

❑ *Rastreamento por dissecação–reconstituição da reportagem publicada*: Escolhida a reportagem na edição do dia, fazia-se a decomposição do texto nas suas partes e interveniências e se reconstituía o percurso da ação, captando-se – para fins comparativos entre si e com o texto publicado – os depoimentos de pauteiros, editores, repórteres e fontes.

❐ *Rastreamento por observação direta dos fazeres:* Por esta alternativa, a verificação iniciava-se na primeira reunião de pauta do dia (quando isso era possível; nunca pôde acontecer com as reportagens rastreadas no Estado), e durante a reunião se escolhia a reportagem a ser acompanhada. Quando não era possível participar da reunião, a escolha se fazia em comum acordo com o responsável da editoria selecionada para o dia. Na rua, o trabalho do repórter era acompanhado e o pesquisador fazia suas próprias anotações, para comparações com o texto publicado no dia seguinte.

Defrontamo-nos com uma previsível resistência de editores, pauteiros e repórteres a esse tipo de exposição. Mesmo assim, o trabalho ofereceu indicações importantes para a reflexão teórica a que nos propúnhamos. E as mesmas indicações certamente podem contribuir para o entendimento crítico da práxis jornalística no Brasil.

1 RACIONAMENTO DE ÁGUA EM SÃO PAULO

"A Sabesp mente sobre o rodízio."

Esse era o título que provocava o interesse dos leitores para a reportagem principal da página 22 (editoria de Geral) de *O Estado de S. Paulo*, apresentada em quatro colunas, no dia 9 de novembro de 1989. Um subtítulo discreto (de uma coluna) confirmava a acusação, aludindo a depoimentos de pessoas atingidas pelos equívocos do racionamento: "Moradores de diversos bairros se surpreendem com a falta d'água não prevista pela empresa".

Na abertura, a reportagem ia ao cerne da questão que interessava ao título:

> Embora a Sabesp anuncie ter planejado o racionamento de água para todas as regiões de São Paulo, os moradores de diversos bairros, como Perdizes e Pompéia, na Zona Oeste da cidade, foram pegos de surpresa, ontem, pela falta d'água. Segundo a companhia, esse racionamento estava previsto para anteontem, mas na última hora foi mudado. Esse tipo de alteração, no entanto, não aconteceu pela primeira vez. No dia 28 (de outubro), a Sabesp mudou os dias de rodízio de alguns bairros para distribuir melhor o racionamento por outros, alegou ter avisado a população e afirmou que o rodízio vem sendo cumprido como previsto.

A argumentação da abertura é sustentada por meio de três depoimentos.

A dona-de-casa Lúcia Monti, moradora de Perdizes, garante que o rodízio não é cumprido. Segundo a reportagem, a caixa d'água de dona Lúcia, com capacidade para 500 litros, estava pela metade. "Não vai dar para fazer comida, muito menos para tomar banho", lamentava ela.

Outro depoimento foi colhido na escola de educação infantil Brincando e Aprendendo, localizada na Pompéia. O jornal publicava a seguinte declaração de Nazilda Steiner, diretora da escola:

"Tenho de pedir para as crianças trazerem água de casa e os lanches que preparamos têm de ser aqueles que dispensam água".

Finalmente, foi entrevistada a cirurgiã-dentista Alda Costa Ferreira Cardoso, moradora de Perdizes que, segundo o jornal, armazenou, na segunda-feira (a edição é da quinta-feira seguinte), uma dezena de baldes de água e galões como preparativo para o racionamento anunciado pela Sabesp para terça-feira. "Para sua surpresa", prossegue o texto, "não faltou água na terça-feira e ela aproveitou para pôr em dia todos os seus afazeres domésticos. Só que, ao levantar-se, na manhã de ontem, percebeu que as torneiras estavam secas." E o jornal coloca na boca da entrevistada a seguinte queixa: "A Sabesp precisa se organizar melhor, assim como o País".

No último parágrafo, a reportagem lembra que, de acordo com a Sabesp, a região sudoeste da cidade foi dividida em cinco blocos, com aproximadamente 30 bairros cada um. O rodízio previa que a população ficasse quatro dias com água e um sem, desconsiderados os domingos. "Só que", conclui o texto, "essa contagem nem sempre é matemática, daí o que ocorreu no dia 28."

RASTREAMENTO

A pesquisadora ouviu a cirurgiã-dentista Alda Costa Ferreira Cardoso. E ela desmentiu o que o jornal publicou como fala sua.

> Não falei isso. Pelo contrário: são tão poucos os dias em que falta água que não faz diferença. Deu-se muito alarde para uma notícia que não tinha razão de sair. A repórter não estava ouvindo. Queria fazer uma reportagem com todo mundo dizendo que faltava água. Ficou ridículo sair publicado que eu armazenei água em baldes. Isso é anti-higiênico, sou uma dentista, moro num bairro bom, tenho caixa d'água e não guardo água em balde e panela. Achei absurdo o que fizeram com meu depoimento. A única coisa verdadeira que colocaram sobre mim foi meu nome e minha profissão.

O assessor de imprensa da Sabesp, jornalista Márcio Riscala, também ouvido na pesquisa, afirmou que a reportagem foi feita sem que a Sabesp pudesse esclarecer o assunto. Segundo Márcio Riscala, "a repórter do *Estado* ligou perguntando por que estava faltando água e eu lhe disse que era o dia do rodízio, mas tinha água em Perdizes e Pompéia".

> Até onde sei, as pessoas entrevistadas, na maioria, disseram que tinham água. O problema é que a Sabesp não trabalha com bairros e sim com setores de abastecimento. O bairro de Perdizes interessa mais para o *Estadão*, por isso foram lá. O bairro não é abastecido como um todo, existem diversos reservatórios. O morador pode morar num local onde vai faltar água hoje ou num local onde faltará água amanhã. Naquele dia havia água nos bairros citados. Mandei checar.

Márcio Riscala garantiu que de 15 em 15 dias distribui à imprensa a informação sobre as datas e os locais do rodízio, que não obedece a uma lógica geográfica. "As emissoras de rádio divulgam, a *Folha de S.Paulo* divulga. O *Estadão* nem sempre. No caso da alteração no dia 28 de outubro, a imprensa foi comunicada. O *Estadão* sabia da alteração."

Márcio queixa-se do equívoco dos enfoques.

> Os jornais sempre discutem as conseqüências, os efeitos, não se fala das causas. São Paulo não cresce, transborda. Não há uma discussão sobre o Plano Diretor, sobre a ausência de uma política nacional de desenvolvimento urbano. Forma-se um bairro como Xangrilá e a Sabesp tem de ir atrás com um cano. A água precisa ser captada, levada a uma estação de tratamento e distribuída a cada domicílio, para que possa cair da torneira. O que tinha de se discutir é a falta de infra-estrutura dos bairros mais distantes, onde, se não houver rodízio, a água jamais chegará.

Um detalhe parece especialmente significativo: o então diretor de redação, Augusto Nunes, morava nas Perdizes, exatamente numa das zonas onde, devido ao rodízio, houvera corte de água no dia em que Tânia Belickas foi escalada para fazer a matéria.

A suspeita de que a falta d'água na casa de Augusto Nunes teria motivado a furiosa reportagem não se desfez nos depoimentos colhidos dos jornalistas Moacyr Castro, chefe de reportagem, autor da pauta, e Eduardo Lopes Martins Filho, editor.

Moacyr de Castro afirmou que o repórter sempre sai orientado. No caso, a idéia da pauta era pegar a Sabesp na mentira, usando como prova os moradores, e mostrar como sinal de incompetência da empresa a desordem de um rodízio que não merece confiança.

A repórter deveria ligar para a Sabesp e ir a bairros que não constassem da lista do corte da água naquele dia, e encontrar casas desabastecidas. Recebeu uma pauta direcionada. O que torna razoável admitir que a matéria só seria publicada se atendesse ao propósito de provar que a Sabesp mentia.

O editor Eduardo Lopes Martins Filho revelou que fez uma alteração no *lead,* porque a repórter, segundo ele, não fizera a abertura com coisas relevantes. "No texto da repórter, a matéria abria com uma casa onde não tinha faltado água anteontem e faltara ontem."

No meio da conversa, queixando-se do rodízio ("que umas vezes é cumprido, outras não"), Eduardo Martins admitiu que ele próprio e o Augusto Nunes já haviam passado pelo problema do rodízio em dias em que não esperavam a falta de água. Na opinião dele, "a Sabesp está iludindo a população e deveria admitir isso". Reconhece, porém, que "eles até mandam *releases* dizendo que há alterações; mas não somos obrigados a publicar, nem sempre dá para publicar". E questionou: "Por que eles não compram um espaço?"

Eduardo Martins confirma que a interferência do editor na forma final das matérias é grande. "Editor existe para isso", diz. "Caso contrário, cada repórter decidiria sua matéria." Para Eduardo Martins, a interferência do editor começa na pauta e, em última instância, sai o que o editor aprova. "Se o *lead* está no terceiro parágrafo, tenho de passá-lo para o primeiro."

A página tem outra matéria também sobre falta de água, em Paulínia, interior de São Paulo. E um pequeno editorial, em box (jargão que indica um texto cercado de fios). "Fui eu que redigi. É um editorial. O editor tem essa autonomia. Conheço a linha do jornal sobre a falta d'água e, na verdade, eu próprio formo a opinião do jornal."

O pequeno editorial dizia o seguinte:

FALTA DE RESPEITO – A Sabesp alega que a população é avisada a tempo sobre as mudanças nas previsões quanto ao rodízio no abastecimento de água. As declarações publicadas nesta página, no entanto, insistem em desmentir a empresa, que até agora não conseguiu sequer montar um esquema que permita às regiões altas da cidade terem água nos dias indicados pelo rodízio. Quem mora nesses locais sabe sempre o que o aguarda: um dia sem água que pode virar dois ou três. E quatro dias com água podem reduzir-se a um ou dois. Enquanto isso, não resta alternativa à população, a não ser a de armazenar líquido em qualquer utensílio à mão. Afinal, um pouco de organização e previdência não fariam mal à empresa.

DEPOIMENTO DA REPÓRTER

Tânia Belickas revelou que, de fato, a reportagem havia sido pautada por exigência de Augusto Nunes, diretor de redação.

Ele teve um problema na casa dele, ligou na parte da manhã para a redação e mandou fazer a matéria. O Augusto mora lá na região alta das Perdizes. A água tinha sido cortada às 8 horas e iam cortar de novo às 13. E essa matéria foi feita sob a orientação do próprio Augusto.

Sobre a reportagem, Tânia afirma que realmente encontrou alguns casos de falta d'água, "mas não foi todo mundo". Ela tinha colocado na abertura o caso de uma senhora surpreendida pelo rodízio.

Mas resolveram puxar para o *lead* o problema do não-cumprimento do cronograma. Foi o Eduardo que mudou, depois mandou para o *copy*. Em alguns casos, a matéria vai diretamente para o *copy*, depois passa pelo editor. Essa era importante, veio de cima. Eles estavam mais preocupados e o cuidado foi maior.

(Esclarecimento: *copy*, ou *copy desk*, é o jargão que identifica o setor da redação onde são reescritos ou finalizados textos produzidos pela reportagem.)

Desabafo final de Tânia: "Eu não queria fazer esse tipo de coisa. Mas, se a gente não fizer, outro vem e faz. Somos perfeitamente substituíveis".

2 TEMPOS DE MAGRI: RIBALTA E BASTIDORES

DIA 17 DE maio de 1990. O então ministro do Trabalho, Antônio Rogério Magri, deslocou-se a São Paulo para se reunir na Fiesp (Federação das Indústrias do Estado de São Paulo) com lideranças empresariais e sindicais, às quais apresentou uma proposta de livre negociação salarial.

A reunião realizou-se a portas fechadas, com as ante-salas repletas de jornalistas. Era um assunto prioritário nas pautas dos grandes jornais.

Na primeira reunião de pauta da *Folha de S.Paulo*, a visita de Magri integrava o contexto mais amplo dos conflitos trabalhistas, que nesse dia tinham como ponto alto a assembléia dos metalúrgicos do ABC, para decidir se aceitariam a proposta de redução de salários e da jornada de trabalho, apresentada pelas principais indústrias automobilísticas. O assunto acabou sendo a manchete da primeira página do jornal, no dia seguinte.

Nas outras editorias, as principais pautas tratavam da crise do governo (Política), campanha de vacinação contra a meningite (Cidades), assassinatos na periferia de São Paulo por justiceiros (Cidades), treino da seleção brasileira de futebol em Madri (Esportes), tramitação de Medidas Provisórias no Congresso (Política) e a crise no Báltico (Exterior).

A cobertura da visita do ministro Magri resultou em dois textos. No principal, localizado na primeira página do caderno de Economia, repassava-se a versão oficial da reunião, na qual o ministro apresentara a proposta de uma negociação nacional de salários, com início em dez dias. No segundo texto, publicado na página 3 do mesmo caderno, fazia-se a costura de declarações informais dos diversos participantes da reunião, que o repórter da *Folha* obteve em conversas separadas.

Na verdade, como já se disse, os jornalistas não assistiram à reunião. No final, os participantes deram uma entrevista coletiva orquestrada:

☐ Os sindicalistas punham como condição para o início das negociações a revogação da Medida Provisória 185 (que restabelecia o efeito suspensivo nos recursos trabalhistas). Além disso, reivindicavam a reativação da economia e eram contra a redução da jornada de trabalho e dos salários.

☐ O ministro Magri dispôs-se a levar ao governo as reivindicações dos trabalhadores e solicitou aos empresários que suspendessem as demissões nos próximos dez dias, suficientes, segundo ele, para que as partes entrassem em acordo.

☐ Os empresários não disseram sim nem não a qualquer coisa, comprometendo-se apenas a tentar coordenar as negociações regionais diante da nova situação econômica, "que extrapolava o setor industrial".

A *Folha* mandou um repórter experiente à Fiesp. Ele pouco ligou para a entrevista, representação combinada previamente. Preferiu conversas informais, isoladas, com as fontes. Delas foi colhendo frases e informações fragmentadas, depois costuradas com o que de mais interessante foi dito na entrevista coletiva. Nessas conversas, o repórter soube, por exemplo, de perdas salariais já estimadas pelo IPC em 166,9%, dado fornecido por um líder sindical e perdido pelos repórteres que se limitaram às anotações da entrevista coletiva.

Quando os outros jornalistas já tinham ido embora, o repórter da *Folha* conseguiu uma entrevista com o empresário Roberto Della Mana, representante da Fiesp. Nessa conversa (quase toda em *off*, isto é, com declarações que não poderiam ser publicadas, dadas em confiança), Della Mana fez questão de frisar que o "salário está intimamente ligado aos preços", sugerindo, portanto, que não poderia haver negociação de salários sem negociação de preços. Oficialmente, porém, a Fiesp aceitou o "jogo" de aguardar dez dias úteis para reabrir negociações, num plano que o próprio Della Mana minava, ao sugerir o reajuste paralelo de preços.

Habilmente, tudo foi declarado em *off*. Mas com estudada flexibilidade, que permitiu ao repórter publicar a seguinte frase:

"O diretor da Fiesp Roberto Della Mana previu que as negociações devem abranger não só os salários, mas também os preços. 'Os preços também deixaram de ser prefixados', argumentou".

Resultado: Della Mana divulgou o que queria; e o repórter conseguiu enxertar na sua matéria informações que os concorrentes mais apressados não obtiveram.

Nos textos publicados foram desprezadas, no entanto, manifestações dos sindicalistas preocupados com o futuro da negociação e da reposição salarial. A justiça trabalhista de São Paulo estava em greve e os líderes sindicais, circulando entre os jornalistas, perguntavam, descrentes, como se cumpriria a livre negociação se os tribunais estavam fechados. Falaram em vão.

3 INTERPRETAÇÃO LIVRE

A MÉDICA e socióloga uruguaia Cristina Grela, coordenadora latino-americana do movimento *Católicas Pelo Direito de Decidir*, veio a São Paulo participar de um debate promovido pela Secretaria Municipal de Cultura, comemorativo do Dia Internacional da Mulher (8 de março de 1990).

A editoria de Nacional de *O Estado de S. Paulo* pautou uma entrevista com Cristina Grela, e a realizou com antecedência de dois dias, como parte de pauta mais ampla sobre o Dia Internacional da Mulher. A entrevista saiu na edição de 8 de março, e acabou sendo matéria secundária na página 16, encimada pelo cabeçalho "Comportamento". A matéria principal da página, apresentada sob o título (irônico) "Feminismo festeja nos gabinetes", historiava a perda de terreno dos movimentos feministas para os gabinetes oficiais, graças ao patrocínio governamental a eventos feministas.

A entrevista com Cristina Grela (mãe de quatro filhos) tinha um título provocador: "Católica defende aborto". Mas o que a médica e líder religiosa uruguaia falou não foi isso. Além dessa, outras declarações foram distorcidas no texto, com abordagens, pinçamento de frases e interpretações que adulteravam o pensamento da entrevistada, em temas polêmicos. Além das distorções, várias declarações e informações importantes não foram aproveitadas.

A primeira e principal distorção está no título. Nem Cristina Grela nem o grupo que ela representa defendem o aborto. A posição sustentada pelo movimento, e também a de Cristina, é a do direito à livre escolha, a da possibilidade legal de se fazer um aborto. Palavras da feminista entrevistada, não publicadas: "Legalizar não é obrigar a fazer aborto. A mulher pobre sabe muito pouco de métodos contraceptivos. Essas mulheres são as que morrem com o aborto clandestino. Legalizar é oferecer às mulheres um caminho de resolução".

O título, peremptório, não traduz, portanto, nem a fala nem as idéias da entrevistada.

Outro equívoco está no início do quarto parágrafo, onde se lê: "Esses dogmas, segundo a líder católica, criaram na mulher um sentimento de culpa, utilizado pela Igreja para manter o seu domínio". Na verdade, Cristina Grela deixou claro que estas questões não são dogmas. O que ela disse: a atitude da Igreja, em relação às necessidades das mulheres neste campo, existe porque a Igreja está apoiada em estruturas hierárquicas rígidas. E criticou o papado atual, "fechado aos teólogos e a outros, que vêm do povo".

Mais especificamente em relação à expressão *dogma*, a frase da médica católica foi a seguinte: "A proibição do aborto não é um dogma, nem se trata de questão ligada à infalibilidade papal; é o papa opinando sobre o aborto. A partir de 1869, a Igreja decide que desde a concepção o embrião já é dotado de alma, e com este argumento o papa opina sobre a questão".

Quanto às informações e opiniões não aproveitadas, houve duas particularmente importantes. Numa delas, Cristina Grela referiu-se a uma estimativa não oficial ("os órgãos públicos não assumiriam isto", disse ela) segundo a qual o número real de abortos, no Uruguai, supera o número de nascimentos.

Outra abordagem contundente feita por Cristina Grela, e desprezada pela repórter, foi a referência a um cisma não explícito entre o papado e a Igreja da América Latina. A linha de análise era a seguinte: a) ao proibir o aborto e o uso dos meios contraceptivos, o papado está se distanciando da realidade latino-americana, onde 10 milhões de crianças morrem de fome ou vivem em condições subumanas; b) ao manter esta posição, o Vaticano afasta-se da Igreja da América Latina, que tende a se organizar a partir de comunidades, em verdadeiras associações de iguais que têm outra força, porque vivem o espírito interno da comunidade; c) vive-se nessas comunidades uma vida que não está representada pela Igreja Católica Romana.

A líder uruguaia chegou a falar na existência de duas Igrejas: a que dita normas a partir do Vaticano e a que convive com o problema real, conversa com os noivos que não querem ter filhos. Com isso, segundo ela, cria-se uma dupla moral para o aborto: "a que leva à culpa e à clandestinidade, e a que impede que, num plebiscito, o SIM seja vitorioso".

Há, também, uma frase de efeito deslocada do contexto, adquirindo significado que a entrevistada não quis dar: "Em matéria de mulheres, os padres só conhecem a Virgem Maria". A repórter colocou a frase num contexto equivocado, relacionando-a, como se fosse um desabafo crítico, com a ameaça de excomunhão a um grupo contestador do Uruguai feita pela Conferência Episcopal Uruguaia.

Em verdade, a frase encerrava um raciocínio por meio do qual a entrevistada tentava explicar o porquê do distanciamento da Igreja e dos padres em relação ao problema da concepção. Disse a entrevistada: "A sexualidade assumida pelos padres é a de Maria e a de suas próprias mães. A sexualidade entre casais não é coisa que se aprenda bem em livros". E concluiu com a frase que a repórter usou com outros fins: "Em matéria de mulheres, os padres só conhecem a Virgem Maria".

Por que tais desvios e interpretações?

Até que ponto a repórter se conteve na reprodução do discurso contestador para evitar a mutilação do texto, na edição?

De qualquer forma, por uma ou outra razão, ou até por equívoco de compreensão, a repórter apropriou-se das falas e idéias da entrevistada, dando-lhe significados e sentidos que não tinham.

4 UM REPÓRTER QUE OPTA

No início da administração de Luiza Erundina à frente da Prefeitura de São Paulo, o problema dos transportes era mais uma vez prioritário. A administração petista tentava uma solução nova: a municipalização do sistema. Passado pouco mais de um ano e meio, começava a tendência às avaliações, que se refletia no título dado pela *Folha* a uma pequena reportagem publicada no dia 9 de agosto de 1990, assinada pelo repórter Milton Abrucio Jr., setorista da área de transportes. O título era crítico: "Frota de ônibus tem crescimento tímido com a municipalização".

A matéria tratou a questão com números precisos:

> As 13 empresas particulares de ônibus de São Paulo que foram "municipalizadas" este ano têm hoje 45 veículos em operação a mais do que tinham em 1989. É um resultado tímido para uma frota total em operação de 8.500 ônibus − 5.500 particulares e 3 mil da Companhia Municipal de Transportes Coletivos.

Esse era o começo do texto, com as informações que sustentavam o título.

Àquela altura, a Prefeitura já havia municipalizado o funcionamento de metade dos ônibus particulares. Entre eles, 126 eram novos veículos comprados, dos quais 71 substituíram outros tantos retirados de circulação por velhice. Descobre-se, então, que há um pequeno erro nas contas do repórter: o saldo de carros novos incorporados à frota é de 55 veículos, não de 45.

O pequeno lapso − irrelevante no contexto, mas importante por se tratar de um dado que dava base à opção de título − não invalida o mérito do tratamento dado à matéria, com dados investigados que permitiam ao leitor captar com clareza a intenção do repórter e fazer sua própria avaliação, inclusive na correção das contas feitas para dimensionar o crescimento da frota.

O discreto sentido crítico do relato perpassa todo o texto, mantendo o tom negativo dado pelo título, que explora a idéia do crescimento *tímido*. Essa foi uma opção do repórter Milton Abrucio Jr., experiente no setor.

Maurício Stycer, editor do caderno Cidades, confirmou que o enfoque do texto foi dado pelo repórter. "O texto final nunca é exatamente o do repórter. A matéria do Milton foi lida por algum redator ou pelo editor-assistente, talvez corrigida e melhorada em alguns detalhes, mas não foi alterada." A pauta, segundo Maurício, procurava dar desenvolvimento ao assunto de capa do caderno de dois dias antes ("Novo presidente da CMTC anuncia ritmo mais lento da 'municipalização'", era o título). "E a matéria saiu assinada porque", disse Maurício, "o Milton é um repórter que cobre transportes, conhece o setor e tem condições de dar ao assunto um tratamento mais crítico que factual."

O trabalho do repórter foi também elogiado por Gilberto Lorenzón, assessor de imprensa do secretário dos Transportes, Adhemar Gianini. Ele acompanhou a entrevista concedida pelo secretário ao repórter. E fez a seguinte avaliação:

> O texto foi feito em cima dos dados passados pelo secretário. O uso dos dados está correto e a condução, bem feita em termos de apreciação. O enfoque partiu do real, mas fez a abordagem pelo aspecto negativo, ao valorizar a timidez logo no título e na abertura. Compreendo essa opção como busca de um ponto de conflito. Não considero má-fé. O Milton é um repórter honesto, não faz sensacionalismo. Mas ele tinha informações para fazer uma matéria mais longa e diferente, se quisesse e tivesse espaço.

As próprias informações selecionadas para publicação revelam que o enfoque poderia ser outro. O parágrafo final, por exemplo, revela o seguinte: "Segundo o secretário de Transportes, Adhemar Gianini, em 89, de cada 100 ônibus das empresas particulares, 85 em média estavam diariamente servindo os usuários. Hoje, esse número seria de 97 em 100, nas empresas municipalizadas".

Milton Abrucio Jr. reconheceu que tinha dados para outro tipo de abordagem. Mas preferiu a *timidez* do crescimento da frota, e explicou por quê: "A avaliação é minha. Eu digo que o aumento do número de ônibus em circulação é tímido porque esse é o dado que, a meu ver, atende o interesse imediato do usuário".

Além disso, havia o problema do espaço limitado (a reportagem ocupou apenas 160 centímetros quadrados, título incluído). "Por isso optei pelo que me pareceu mais relevante", disse Milton. "Quando se tem esse espaço, não dá para falar muita coisa. Selecionei dentro da minha perspectiva de avaliação. E o texto não foi mudado."

5 A ISCA E O PEIXE

No MESMO dia 9 de agosto, e na mesma editoria de Cidades da *Folha de S.Paulo*, havia outro pequeno texto sobre transportes municipais, esse anunciando que a "Prefeitura estuda novo aumento para ônibus" (título). Eis a abertura da matéria:

> A prefeita de São Paulo, Luiza Erundina, ao visitar as obras do Hospital Ermelino Matarazzo (zona leste), disse que o aumento dos transportes públicos está sendo estudado em razão do iminente aumento dos combustíveis em razão do conflito no Oriente Médio.

Na seqüência, vêm informações sobre a instalação de catracas eletrônicas nos ônibus, a greve (parcial) dos servidores municipais que estava acontecendo e a previsão de conclusão das obras do novo hospital em um mês.

Deixando de levar em conta os tropeços de estilo da abertura, nota-se, desde logo, que o assunto original da pauta não era o aumento no preço das passagens de ônibus, mas a visita da prefeita às obras de um novo hospital em construção, numa região de graves carências médico-hospitalares. A foto que ilustra a matéria mostra a prefeita na cozinha do hospital em obras, logo acima de um título que fala em aumento no preço dos transportes.

Maurício Stycer, editor de Cidades, recusou-se a revelar o nome do repórter – que por isso não pôde ser entrevistado – e deu a seguinte explicação para a decisão:

> Se havia um peixe sendo vendido pela assessoria da prefeita, a *Folha* não comprou. Interferi na notícia. Entre as coisas que a prefeita disse durante a visita às obras do hospital, optei pelo aumento das passagens de ônibus. A prefeitura, como qualquer órgão ou empresa, quer vender uma coisa e a função do jornalista é descobrir o que é mais importante, o que está em via

de acontecer, e não ressaltar a disposição de contratar funcionários sem concurso, ato que está sendo questionado pela justiça.

(*Observação*: a pretendida contratação de funcionários sem concurso destinava-se ao preenchimento de quadros nas novas unidades hospitalares.)

Walmeron de Bona, *ombudsman* da assessoria de imprensa da prefeita, não concordou com os critérios de Maurício:

> Ou o jornal errou ou está mal-intencionado, porque chamou no título uma informação incompleta. O estudo da nova tarifa não é informação. Você pode estudar a tarifa durante um ano inteiro, e nem por isso os jornais vão dar diariamente que está sendo estudado um aumento para os ônibus. Se não há reajuste, não há notícia.

Bona entendia que havia por parte da imprensa o propósito de contrapor a administração municipal aos munícipes. "Os jornais, não os repórteres. É decisão de editor para cima."

A informação do estudo do aumento da tarifa dos ônibus foi dada na entrevista coletiva organizada para tratar da construção do novo hospital, durante a visita às obras. E Bona não se conformava com o resultado jornalístico: "Entre um fato que não existe, o provável aumento das tarifas, e outro que existe, a visita a um hospital importante quase pronto, a imprensa prefere ignorar o factual, existente, real".

As queixas do *ombudsman* da prefeita não se dirigiam só à *Folha*. Com exceção do *Diário Popular,* todos os outros jornais trataram a entrevista da prefeita de forma semelhante à da *Folha;* deram aproveitamento mais destacado à greve do funcionalismo, deixando para segundo plano o hospital (o *Diário Popular* tratou os dois assuntos em matérias diferentes).

"A intenção de desgastar a administração municipal é sutil", conclui Bona. "Eles ficam massacrando todo o dia até à divulgação do aumento. Depois, continuam mais cinco dias dizendo que aumentou. É claro que isso derruba a popularidade da prefeita."

6 O ROMBO DO IPESP

No DIA 4 de janeiro de 1990, a primeira página de *O Estado de S. Paulo* publicava, com destaque de segunda matéria (título de duas colunas em três linhas), o desvio de vinte milhões de cruzados novos, verba equivalente a um milhão de dólares, naquela época. Aliás, na página 6, onde o assunto era manchete, o *Estado* fazia no título a conversão cambial: "Assembléia desvia um milhão de dólares". Com um subtítulo acusatório: "O dinheiro era para a reforma do prédio. Acabou indo para o bolso dos deputados".

No texto da chamada de primeira página, a síntese:

> Uma verba de NCz$ 20 milhões, destinada a obras de reforma do prédio da Assembléia Legislativa de São Paulo, foi desviada para cobrir parte do rombo da Caixa de Previdência que paga a aposentadoria vitalícia dos deputados. O desvio foi feito com aparência legal e ajuda do governador Orestes Quércia. O dinheiro chegou à Assembléia quando não havia mais tempo para o início das obras e por isso foi devolvido ao Tesouro estadual, que o repassou ao Fundo da Previdência. Quércia já havia doado ao fundo outros NCz$ 4,5 milhões.

Dentro, em quase meia página, a reportagem expandia esse resumo e acrescentava a denúncia dos mecanismos que permitiram o desvio, a relação descritiva de obras para as quais o dinheiro estava destinado, a forma pela qual o governador também se beneficiava, a palavra oficial da Assembléia, declarações de um deputado não identificado (falou em *off*) e, por último, a referência à luta de um deputado petista pela eliminação da Carteira Previdenciária. Revelava-se, também, que, além dos vinte milhões de cruzados novos, havia mais oito milhões de sobras de caixa da Assembléia igualmente desviados para o fundo previdenciário.

Convém lembrar que a aposentadoria especial dos deputados é um privilégio imoral que os torna cidadãos diferentes. Ao contrário do que acontece com os trabalhadores brasileiros, os deputados não precisam cumprir a exigência de 35 anos de trabalho para se aposentar. Por uma lei de 1976 (deles próprios), o cumprimento de um mandato (quatro anos) já assegura direito ao benefício, mesmo que não haja reeleição. Basta, para isso, que o deputado estreante continue a contribuir com 12% sobre o valor do salário de um deputado, até o oitavo ano, quando então passa a receber, como aposentadoria, metade do valor dos vencimentos que ganharia se continuasse na Assembléia. A aposentadoria integral chega com 20 anos de contribuição.

DEPOIMENTOS

Para dissecar e reconstituir a reportagem foram colhidos depoimentos da editora-assistente de Política (Ana Maria Tahan); do editor, Laurentino Gomes; da repórter Patrícia Zaidan; do deputado Nabi Abi Chedid (fonte oficial); e da assessora de imprensa do deputado Roberto Gouveia (fonte), que luta pela extinção da Carteira Previdenciária.

Ana Maria revelou que a pauta da reportagem nasceu de uma notinha lida pelo chefe de reportagem no *Shopping News*, na qual se dizia que havia dinheiro da reforma do prédio da Assembléia sendo desviado para a Carteira. "Resolvemos ir em cima, para averiguar", disse Ana Maria.

A repórter Patrícia Zaidan deu o seguinte depoimento:

O Marcelo Bauer, chefe de reportagem, apareceu com o recorte do *Shopping News* e pediu para investigar. Como o Roberto Gouveia, do Partido dos Trabalhadores, é o deputado que mais se preocupa com a questão da Carteira da Previdência, fui procurá-lo. A imprensa sempre publica declarações dele contra a Carteira. Há dois anos que essa é a sua principal bandeira. Eu também já tinha feito matérias com a liderança do PSDB, que tem outro projeto para a Carteira. Enquanto o PT luta pelo fim da Carteira, o PSDB quer amenizar a situação, propondo, por exemplo, ampliar o prazo do benefício de oito para 12 anos.

Como a Assembléia estava em recesso e o presidente da Casa, deputado Tonico Ramos, em viagem, o responsável imediato era o deputado Nabi Abi Chedid. Patrícia o procurou.

O Nabi me atendeu pelo telefone, quando eu já havia voltado à redação, depois de ter esperado quatro horas e meia por ele na Assembléia. Os números da matéria foram conseguidos de assessores do presidente Tonico Ramos. Mergulhei também no *Diário Oficial*, e confirmei que as doações eram feitas por decreto do governador. Eu só não sabia que o dinheiro tinha de ser devolvido primeiro ao governador, para depois ele fazer a doação mágica.

A idéia mais forte da matéria era a de que o dinheiro havia sido desviado ilicitamente, apesar da aparência legal da transferência. Para a editora-assistente de Política, Ana Maria, a palavra *aparência* era importante para desmascarar a imoralidade do desvio: em vez de ser aplicado em obras no prédio da Assembléia, o dinheiro iria para a conta bancária dos deputados.

A repórter Patrícia Zaidan aprofundou a busca no Ipesp (Instituto da Previdência do Estado de São Paulo). Levantou nomes de ex-parlamentares e viúvas ilustres recebendo polpudas aposentadorias (essa matéria saiu no dia seguinte, também com destaque). Mas houve fraudes que ela não conseguiu confirmar – aposentadorias por invalidez obtidas com laudos falsos, por exemplo.

O resultado satisfez Patrícia:

O meu texto final é basicamente o que foi publicado. O editor geralmente lê. A abertura que eu tinha feito foi mudada. A minha era mais leve, dizia que os deputados tinham colocado um presente no próprio sapatinho. Se os deputados quisessem argumentar, diriam que estão autorizados por lei, fizeram uma operação legal. Só que, embora legal, a atitude não era lícita e o editor sugeriu que o *lead* fosse um soco direto. Eu podia pular com os pés no peito. Foi o que fiz, com a ajuda do editor, que mudou o *lead*.

O editor Laurentino Gomes e a editora-assistente Ana Maria confirmaram a versão da repórter.

Do lado das fontes, ninguém contestou nem os dados da reportagem nem as declarações publicadas. O depoimento mais interessante foi o do deputado Nabi Abi Chedid, que voltou a frisar o caráter legal da operação. Disse ele: "No que diz respeito às minhas declarações, a matéria está perfeita. Nada tenho a acrescentar. A manchete é que é meio tendenciosa. Eu acho que o procedimento é legal. Já que há uma lei, ela deve ser cumprida. Tudo que é legal, a gente é obrigado a cumprir".

7 **A GREVE "BANCADA"**

Na reunião de pauta de 8 de junho de 1990 (para a edição do dia seguinte), a editoria de Cidades da *Folha de S.Paulo* apresentou como proposta principal a cobertura do primeiro dia de greve da Polícia Civil. Era um dos principais acontecimentos previstos para o dia. E a pesquisadora do projeto resolveu acompanhar o repórter escalado para a matéria.

Vale a pena começar o relato pelo texto publicado na edição do dia 9. A greve mereceu a única foto colorida da primeira página, onde o título da chamada (no canto inferior direito) tinha tom positivo: "Polícia em greve faz 30% das ocorrências". As informações selecionadas para a chamada resultaram no seguinte texto:

> No primeiro dia de greve dos funcionários da Polícia Civil do Estado de São Paulo, só as ocorrências de furto de carros, homicídios e flagrantes foram atendidas nos distritos da capital (30% do total). No Deic, os inquéritos sobre homicídios ficaram parados.

Na capa do caderno Cidades, a manchete usava os mesmos dados, mas invertia o tom e o sentido da informação: "Polícia Civil deixa de atender 70% das ocorrências no 1.º dia de greve".

O mais interessante da reportagem, porém, os leitores dificilmente descobririam: as informações, mesmo sendo verdadeiras, foram organizadas por um critério de apoio à greve. Sinal disso: o texto principal, que fazia o relato dos acontecimentos, acolheu apenas a versão das lideranças da paralisação.

A estatística usada nos títulos foi fornecida pela Federação dos Funcionários da Polícia Civil, e a *Folha* lhe acrescentou a sua própria credibilidade ao usar o dado com objetividade e sem ressalvas. No mínimo, faltou nesse texto a versão oficial da Secretaria de Segurança. O delegado-geral foi ouvido, mas o que ele disse ficou isolado numa retranca de destaque secundário.

O último período dessa retranca é o seguinte: "Sobre a proposta do delegado-geral de pedir ajuda à PM, o diretor da Associação de Delegados, Edevaldo Alage, disse que 'se a PM passar por perto das delegacias vai é tomar tiro'". Ao contrário do que o leitor é motivado a imaginar, o repórter da *Folha* não falou com o delegado Edevaldo Alage. A frase havia sido dita na véspera, durante uma assembléia que aprovou a adesão dos delegados à greve. Quem passou a informação para o repórter da *Folha* foi um colega da TV.

Aliás, existe uma inquestionável ligação entre o tom da cobertura jornalística da *Folha*, nitidamente favorável à greve, e uma conversa havida entre o repórter do jornal e aquele mesmo colega da TV. Entre eles houve certo tipo de acordo, para "bancarem" a greve, com o propósito de enfraquecer a posição do delegado-geral Amândio Malheiros Lopes, sobre o qual existiam suspeitas de corrupção.

Desse acordo entre jornalistas o leitor não soube – nem as possíveis práticas de corrupção do delegado Malheiros mereceram qualquer investigação jornalística.

Não se tratava de uma reportagem falsa. Os dados provavelmente eram verdadeiros ou estavam próximos da verdade. Mas também não se fez um relato veraz, no sentido de que *tudo está contado e tudo pode ser comprovado*. Há a opção clara por uma das versões – o que levou o repórter a desprezar a explicação do delegado Malheiros para justificar o sucesso da greve no primeiro dia: "A greve começou num dia impróprio. É sexta-feira, dia do início da Copa do Mundo de futebol. Isso favorece qualquer paralisação".

Por coincidência, no 3º DP, onde o repórter da *Folha* abordou Claudinei Souza Silva – que registrava o roubo de sua moto –, havia um aparelho de TV ligado no jogo Argentina–Camarões. O policial que registrou a ocorrência, e também deu declarações ao jornalista, alternava o atendimento ao público e a apreciação do jogo.

8 JUSTICEIROS PROTEGIDOS

UM DOS assuntos em maior evidência na imprensa, naquele início de maio de 1990, era a ação matadora dos justiceiros de Diadema. As pressões sociais sobre a polícia engrossavam cada vez mais, mas o problema parecia sem solução. Por isso, a ida do secretário de Segurança Pública (Antônio Cláudio Mariz de Oliveira) a Diadema ganhava significados políticos especiais, porque cresciam os protestos contra a impunidade dos justiceiros e o número cada vez maior de mortes. Isso atrapalhava a campanha do ex-secretário de Segurança, Luiz Antonio Fleury Filho, ao governo do Estado. Mariz foi escalado para acalmar o clima em Diadema.

No dia seguinte, o objetivo de Mariz de Oliveira parecia ter sido alcançado: as manchetes e as notícias dos jornais reproduziam o seu compromisso público de conter a violência. Ele prometeu reforçar a polícia com gente e equipamentos. Mas a verdade é que todos os justiceiros continuavam à solta e matando.

A *Folha* tratou a visita do secretário com aparente independência. O assunto foi manchete na página 5 do caderno de Cidades. No título, as promessas de Mariz e a lembrança de que as mortes sem punição já eram 22 em Diadema.

O repórter da *Folha* atrasou-se. Chegou bem depois do fotógrafo do jornal e da pesquisadora deste projeto à sede do Batalhão da Polícia Militar da cidade. À chegada, cruzou com o secretário, que já havia encerrado a entrevista coletiva e ia embora. Conversaram um pouco e algumas informações foram conseguidas.

A entrevista coletiva foi tumultuada pelo vereador Manoel Boni, do PT, e esse petisco escapou ao repórter da *Folha*. Deve se dizer, porém, que o atraso não foi culpa dele, mas do próprio jornal, ou melhor, do plantonista da noite, que não tomou providências para que a reportagem pudesse sair mais cedo.

No texto que escreveu, e saiu publicado, o repórter conseguiu, porém, dar a impressão de que esteve presente em todos os momentos e locais, inclusive à discussão do secretário com o vereador Boni. Boa parte dos dados que ele usou foi-lhe passada pelo colega d'*O Estado de S. Paulo* e até pela nossa pesquisadora, que chegaram mais cedo. Tratava-se, porém, de um repórter experiente, conhecedor do assunto, um profissional com muitas informações – inclusive uma lista de justiceiros nunca divulgada. Mantinha, também, bom relacionamento com a polícia local.

Antes de chegar ao Batalhão da Polícia Militar, o repórter conseguiu notícias importantes. Passara antes no Distrito Policial e lá soubera da morte de mais uma pessoa, vítima dos justiceiros.

Depois que o secretário se foi, o repórter dispensou o fotógrafo. Pretendia subir morros, na tentativa de encontrar-se com algum justiceiro (havia entrevistado um deles dias antes), e o fotógrafo não pode participar desse tipo de encontro. Antes de entrar nos morros, porém, resolveu procurar o delegado José Leibniz, aparentemente seu velho conhecido. Depois, foi avaliar a situação da Vila Alice, um dos centros de atuação dos justiceiros.

Na Vila Alice tomou conhecimento do clima de medo vivido na Escola Osvaldo Giacóia, onde alguns alunos já haviam sofrido ameaças de justiceiros. A escola estava em situação de verdadeiro "toque de recolher", com a dispensa dos alunos do noturno antes das 22 horas. O assunto da escola rendeu um texto separado.

O repórter ouviu outros moradores da região, inclusive parentes de rapazes assassinados. Outra pessoa ouvida foi o dono de um bar freqüentado por justiceiros, e com ele o repórter deixou um número de telefone, para futuros contatos com algum justiceiro interessado em conversar – mas nada disso apareceu na reportagem do dia seguinte.

Tudo que saiu na reportagem aconteceu. Omite-se, porém, um fato que nenhum jornal divulga: a existência de uma espécie de pacto entre os repórteres e a polícia para não se contar a história dos justiceiros por inteiro. Em Diadema, cidade cheia de mistérios e intrigas, um carro era roubado por dia, mas apareciam três, a indicar que ali se fazia a desova de veículos roubados em São Paulo. Havia também suspeitas de que a polícia estava envolvida com os carros e as mortes, mas isso é sempre difícil de comprovar. Ninguém arrisca ir um pouco mais fundo.

O que se falava entre os jornalistas que trabalham na cobertura do crime em Diadema arrepiava: na cidade vigorava a lei do mais forte, com grupos de justiceiros duelando entre si; o comércio financiava os justiceiros para ter mais segurança; ao mesmo tempo, havia grupos de justiceiros que matavam por meia dúzia de cruzeiros qualquer pessoa "encomendada"; e tudo estava sendo tratado com panos quentes pelas autoridades, porque era ano de eleição e o governo tinha como candidato um ex-secretário de Segurança (ganharia a eleição).

O repórter da *Folha* era um jornalista carregado de informações que jamais chegariam aos leitores. Segurava zelosamente os blocos com anotações, para que não caíssem em mãos erradas. Tanto ele quanto o delegado Leibniz tinham listas com nomes de justiceiros. Mas a dificuldade em conseguir gente que testemunhasse estimulava o pacto de acumular, sem divulgar, informações sobre os bastidores da criminalidade impune.

9 O "CRIME" DE JUAREZ

DIA 15 DE janeiro de 1990. Um telefonema do delegado Nicanor Nogueira Branco teve resposta imediata da editoria de Política d'*O Estado de S. Paulo*. Uma nova testemunha fornecera indícios que confirmavam a exploração de videopôquer (jogo de azar proibido) no Snooker Clube Rui Chapéu. De acordo com o delegado, "era a prova que faltava" para incriminar o secretário de Esportes da Prefeitura, Juarez Soares, que havia sido sócio do clube, ou talvez ainda fosse.

O *Estado* pautava o assunto desde que, dois meses antes, a polícia descobrira no clube, inativas, algumas máquinas de videopôquer. Juarez Soares era secretário municipal da administração petista, e isso fazia com que esse caso de polícia continuasse a ser tratado (com destaque) na editoria de Política.

O delegado sabia do interesse do *Estado* pelo assunto. Ligou para o jornal e deu-lhe exclusividade. O repórter que costumava tratar do caso "Juarez" estava de licença. Foi a ele que o delegado procurou, por telefone. Depois falou com a editora-assistente, contou o caso. E a repórter Terezinha Lopes foi imediatamente escalada para tratar da matéria, que deveria ganhar destaque.

A pesquisadora foi com ela e ouviu suas reclamações. "Detesto delegado que liga para o jornal. É sinal de que quer aparecer." Terezinha conhecia mal o assunto. E estava irritada. Achava que ocorrências policiais devem ser tratadas em Cidades, não em Política. Para ela, aquele caso "já devia estar em Cidades há muito tempo", até porque perdera relevância política depois que passara a eleição presidencial, com a vitória de Fernando Collor de Mello.

A relevância política ainda atribuída a um caso policial de segunda categoria, dois meses depois de ter ocorrido, se devia ao fato de Juarez Soares, militante e vereador do Partido dos Trabalhadores, ser secretário de Esportes, Lazer e Recreação na equipe da prefeita Luiza Erundina.

Lula já perdera as eleições. Mas, pelo tom do texto desta reportagem, continuava a ser importante para o *Estado* caracterizar como impostura o discurso político do PT, assentado na pregação da moralidade e honestidade política. Para alcançar esse objetivo, forçava-se o envolvimento de Juarez Soares num caso mal esclarecido de contravenção. Como decorrência estratégica, o fogo atingiria, mais do que a honorabilidade de Juarez Soares, a imagem pública de Luíza Erundina e da sua administração petista.

Naquele dia 15 de janeiro de 1990, quando chegamos à Delegacia, verificamos que nenhum outro repórter estava presente. Confirmava-se: era matéria exclusiva. Ao atender a repórter no seu gabinete, o delegado Nicanor leu em voz alta o depoimento assinado da testemunha, entregando o documento à repórter para tirar as informações que lhe interessassem. E fez o seguinte comentário: "Liguei para o *Estado* porque sei que o jornal se interessa pelo caso".

Com as declarações do delegado e as anotações feitas, a repórter voltou ao jornal mais alegre do que saíra. "Pelo menos ganhei o dia. Tenho a certeza de que esta matéria será publicada."

Assim aconteceu. O assunto teve até chamada de primeira página. Na página 11, com destaque de três colunas, ocupando um quarto de página no canto superior direito, a matéria era anunciada por um título tendencioso, forçado por evidentes propósitos políticos: "Jogador leva à polícia denúncia contra Juarez". Acima do título, uma foto enorme do secretário petista. Abaixo, um subtítulo com pontaria afinada: "Freqüentador do clube do secretário petista diz que ganhou NCr$ 700 no jogo e ainda não recebeu".

O texto começava assim:

> O propagandista Waldir José Gianella compareceu ontem espontaneamente ao Departamento Estadual de Polícia do Consumidor (Decon) para apresentar ao delegado Nicanor Nogueira Branco a prova mais contundente do inquérito que apura o envolvimento do secretário municipal de Esportes, Juarez Soares, com jogo ilegal. Em seu depoimento, Gianella contou que no

dia 27 de novembro do ano passado jogou em uma das máquinas de video-pôquer do Snooker Club Rui Chapéu NCr$ 1.020, ganhou 700 e até hoje não recebeu o dinheiro.

A revelação de Waldir Gianella comprova duas denúncias contra o campeão brasileiro de sinuca, Rui Matos de Amorim, o Rui Chapéu, e seu sócio na empresa Snooker Club Rui Chapéu, o secretário e vereador licenciado do PT, Juarez Soares: o clube não só explorava máquinas de videopôquer, como usava máquinas viciadas.

Quatro parágrafos à frente, a frase do delegado Nicanor: "Temos agora a prova de que a casa explorava o videopôquer". E no último dos sete parágrafos em que se dividia o texto, fazia-se o relato resumido desta história político-policial, desde a origem:

No inquérito [...] estão cerca de 15 depoimentos colhidos até hoje desde a denúncia feita por seis vereadores da Câmara Municipal de São Paulo, no dia 11 de novembro. Nesse dia, a polícia apreendeu no clube nove máquinas eletrônicas de videopôquer e uma de jogo do bicho. Na época, Juarez Soares confirmou a sociedade na empresa Snooker Club Rui Chapéu, mas garantiu que passara tudo para o campeão brasileiro de sinuca. Em sua defesa, o secretário municipal alegou inocência por não ter feito a transferência na Junta Comercial e se disse vítima de um envolvimento político. O caso estourou a seis dias da eleição do segundo turno para a Presidência da República.

O ocorrido com Waldir José Gianella, a 27 de novembro, deu-se, portanto, 16 dias após a polícia ter apreendido as máquinas de videopôquer...

A *Folha de S.Paulo* só dois dias depois (18/01/90) noticiou o depoimento de Waldir. Fez do fato um pequeno registro em página interna, sem destaque.

PARTE II

O poder de (des)informar

O fenômeno fundamental do poder não consiste na instrumentalização de uma vontade alheia para os próprios fins, mas na formação de uma vontade comum, numa comunicação orientada para o entendimento recíproco.

Habermas

1 O ESPAÇO DA INCOMPETÊNCIA

IMAGINEMOS o seguinte diálogo, que poderia ter ocorrido no dia 10 de dezembro de 1992, entre dois amigos, leitores de jornais diários diferentes, um da *Folha de S.Paulo*, o outro de *O Estado de S. Paulo*:

LEITOR "A" – *Você leu hoje no seu jornal a notícia daquele tubarão imenso, apanhado por pescadores de Cananéia? Que bichão, hein?!*

LEITOR "B" – *Sim... e dos bravos, comedor de gente, do mesmo tipo que Steven Spielberg usou para aterrorizar o mundo. Lembra-se do filme* Tubarão? *Pois é igualzinho, uma fera de duas toneladas e meia, com sete metros de comprimento.*

LEITOR "A" – *Espere aí... Esse é outro tubarão. O meu tem cinco metros. Nem mais nem menos. O peso pode até ser esse que você diz, não tenho a certeza. Mas quanto ao comprimento são cinco metros exatos. Está aqui na* Folha, *logo no título: "Tubarão de cinco metros é capturado em Cananéia". Quer ouvir a notícia? Confirma o título: "Uma fêmea de tubarão, grávida, com cinco metros de comprimento e pesando cerca de duas toneladas, foi pescada na tarde de anteontem no litoral de Cananéia". Você não acredita na* Folha?

LEITOR "B" – *Talvez seja fêmea, pode estar grávida, mas tem sete metros de comprimento e não cinco. Prefiro acreditar no* Estadão. *Começa pelo título, mais preciso, mais correto: "Tubarão branco de 7 metros é capturado no Litoral Sul". Em Cananéia não se captura tubarão... E a notícia do* Estadão *é rica nos detalhes, sinal de que investigaram as coisas. Vou ler: "O pescador Arnaldo José da Silva e cinco tripulantes do barco* Walpeck *capturaram terça-feira um tubarão branco de 2,5 toneladas e sete metros de comprimento, entre Iguape e Cananéia, litoral Sul. [...] O tubarão morto, segundo Silva, é uma fêmea prenhe".*

LEITOR "A" – *Mas a* Folha *não se engana nessas coisas. O jornal tem um manual que exige rigor na apuração dos fatos e relatos precisos dos acontecimentos.*[1] *Para mim, o tubarão continua a ter cinco metros.*

LEITOR "B" – *Pois fique com o seu tubarão de cinco metros. O meu tem sete. Manual por manual, o* Estadão *também tem o dele. E exige tanto rigor e precisão quanto o da* Folha.[2]

⌣

Voltemos à realidade.

Nem cinco, muito menos sete metros. O tubarão branco (da espécie *Carcharodon carcharias*), capturado no litoral Sul de São Paulo, por pescadores de um barco de Santa Catarina que operava na região, media exatamente cinco metros e trinta centímetros.

Para medir tubarões há técnicas específicas, e elas variam até de espécie para espécie. Um leigo é incapaz de avaliar com precisão o comprimento de um tubarão de grande porte. Ora, se o comprimento do tubarão capturado era a informação mais importante (gerou o título da notícia nos dois jornais concorrentes), os repórteres – até porque se tratava de uma informação cientificamente significativa, em vez de usarem o próprio olhômetro ou as estimativas dos pescadores, deveriam ter obtido o dado exato dos especialistas da Divisão de Pesca Marítima do Instituto de Pesca, que no dia estavam em Cananéia.

Os pesquisadores do Instituto chegaram ao local onde estava o tubarão no início da tarde do dia 9 de dezembro, para fazer a identificação e as medições do animal, iniciar as dissecações para fins científicos e realizar os primeiros procedimentos de taxidermia. Estavam lá, acessíveis aos jornalistas. Mas, no dia seguinte, os jornais publicaram informações incorretas e contraditórias, colhidas de fontes não citadas ou inadequadas, e impingidas aos leitores como confiáveis.

"Os jornalistas foram provavelmente apressados." Essa é a hipótese preferida pelo especialista Carlos Alberto Arfelli, pesquisador do Instituto. Ele explica o porquê da dedução: "Quando íamos de Santos para Cananéia, cruzamos com equipes da televisão que já estavam voltando".

A conversa aferidora com o dr. Arfelli ocorreu no dia 18 de janeiro de 1993, mais de um mês depois da captura do tubarão. Nessa data, já se sabia o peso exato do peixe: duas toneladas e meia. Esse dado, porém, por problemas técnicos, demorou algumas semanas para ser definido. O peso divulgado pelos jornais era, portanto, outra estimativa de fonte não confiável, provavelmente os pescadores.

– *Dr. Arfelli, o sr. confirma que o tubarão era uma fêmea?*

– Sim, era uma fêmea. Mas não estava grávida.

– *Isso, os jornais informaram dois dias depois. Segundo as notícias, o que havia, mas no estômago, era outro tubarão adulto, pesando 60 quilos.*

– Também não é verdade. No estômago havia quatro cabeças de tubarões adultos, e pedaços de outro peixe e de um mamífero marinho. A confusão pode ter surgido quando dissemos a alguns jornalistas que uma das quatro cabeças encontradas no estômago pertencia a um tubarão de provavelmente 60 quilos.

– *E quanto à falsa gravidez?*

– Bem... As fêmeas de tubarão, em determinadas fases, acumulam grandes quantidades de reservas nutritivas no fígado, que fica bastante avolumado. O fígado da fêmea capturada estava imenso, pesava 674 quilos. Por isso ela parecia grávida.

Aconteceu, portanto, uma trapalhada jornalística: o tubarão capturado não tinha o comprimento noticiado; era fêmea, mas não estava grávida; o tubarão de 60 quilos no estômago simplesmente não existia; e os leitores jamais souberam a verdadeira razão da falsa gravidez.

Além de terem recebido relatos equivocados e contraditórios, os leitores da *Folha de S.Paulo* e de *O Estado de S. Paulo* deixaram de ser informados sobre a alta significação científica do achado: o tubarão capturado é de uma espécie rara na costa brasileira (o outro registro de ocorrência de um *Carcharodon carcharias* em águas brasileiras data de 1904). O estudo dos diversos órgãos do corpo certamente produzirá novos conhecimentos sobre a espécie, sobretudo no que se refere a hábitos alimentares, aspectos morfométricos, aspectos reprodutivos e indicações de procedência – informações que interessam aos centros de pesquisa especializada de todo o mundo.

Como a pressa não é desculpa aceitável para imprecisões informativas, trapalhadas jornalísticas como essa do tubarão branco de Cananéia refletem a ausência de um dos traços fundamentais com que Cremilda Medina compõe o perfil ideal de um produtor de informação: a capacidade técnica para investigar a realidade presente e imediata.[3] A pauta foi malcuidada, carente de ambições e sem o suporte de pesquisas prévias; a busca de informações, descuidada quanto à qualificação das fontes e ao rigor dos dados; e a capacidade interpretativa do relato jornalístico acabou reduzida a zero, pois se desprezou a importância científica das observações e dos estudos que a captura do tubarão iria proporcionar.

A revista *Veja* percebeu a significação científica do acontecimento. Tratou da matéria na seção "Ciência". Só que, em vez de investigar, aproveitou as primeiras informações dos jornais, sem as checar. Multiplicou, assim, para todos os seus leitores, os vários erros de informação difundidos pela apressada imprensa diária. Mesmo circulando quase duas semanas depois, para a *Veja* o tubarão continuava a ter sete metros de comprimento, com um tubarão adulto de 60 quilos no estômago...

A irrelevância política, cultural e econômica do acontecimento (o tubarão, depois de empalhado, seria apenas uma atração turística em Cananéia) remete a explicação dessa exibição de mau jornalismo para o campo da incompetência, aquele tipo de incompetência que se preocupa, apenas, com a ressonância dos títulos e as inexplicáveis vaidades da mediocridade.

O livre exercício do poder da incompetência condenou os leitores à informação deformada e incompleta.

2 A FORÇA DO BOATO

SERIA ABSURDO pensar que os erros de informação, no caso do tubarão, tivessem origem proposital por parte dos jornalistas, ou de quem os informou, em função de interesses ocultos.

O mesmo não se pode dizer, porém, das freqüentes contradições do noticiário político, fortemente influenciado pelos interesses das fontes, intervenientes preparados (inclusive com assessorias especializadas) para usar, em proveito próprio, os meios e processos jornalísticos.

Para compreender os significados do *quê*, do *porquê* e do *como* estão escritos os noticiários políticos, o cidadão leitor vê-se obrigado a assinar mais de um jornal e, se for exigente, algumas revistas, para confrontos e complementações. Ou, então, a fazer exercícios especulativos em busca de subtextos, pela associação de falas, fatos e análises.

Veja-se, por exemplo, o que aconteceu aos leitores da *Folha de S.Paulo* no dia 3 de dezembro de 1992. O noticiário político mais importante do dia tratava de uma possível crise no primeiro ministério de Itamar Franco: circulavam rumores de que os dois ministros da área econômica (Gustavo Krause e Paulo Haddad) ameaçavam pedir demissão.

Na página 5, em matérias assinadas por conceituados profissionais, a *Folha* oferecia aos seus leitores duas versões antagônicas de um só acontecimento, sem estabelecer entre elas qualquer relação de comparação ou análise. Cada um dos jornalistas, no respectivo texto, foi peremptório, dispensando verbalizações no condicional. Ao leitor, na mesma página, foram servidas duas verdades definitivas, radicalmente diferentes.

Num dos textos, Clóvis Rossi, em pleno desfrute da credibilidade construída ao longo de carreira brilhante, garantia:

O dia 18 – data fixada para a votação do *impeachment* de Fernando Collor – é o prazo que se dão os ministros do Planejamento, Paulo Haddad, e da

Fazenda, Gustavo Krause, para permanecerem no governo.

Se não houvesse esse fato político, é muito provável que os dois ministros pedissem demissão imediatamente, uma vez que a irritação de ambos com o presidente Itamar Franco é muito grande e é também recíproca.

A irritação é maior por parte de Krause do que de Haddad.

O cancelamento da viagem dos dois ministros aos Estados Unidos só contribuiu para aumentar o descontentamento, em especial o de Paulo Haddad, que achava mais conveniente manter o programa da viagem, mesmo tendo pouco ou nada de concreto a apresentar à comunidade financeira internacional.

Qualquer leitor mediano fica convencido, por esse texto, que o presidente Itamar determinou o cancelamento da viagem dos dois ministros aos Estados Unidos, e isso os irritou.

Na alto da página, porém, o repórter Fernando Rodrigues – que estava em Buenos Aires, como enviado especial, cobrindo uma viagem presidencial à Argentina – conta outra verdade:

O combustível dos rumores sobre a demissão de Krause e Haddad foi o adiamento da viagem dos dois aos Estados Unidos para retomar negociações com os credores e o FMI. Houve uma disputa sobre quem teria definido o assunto – Itamar ou os ministros.

A *Folha* apurou que Krause foi o primeiro a sugerir o adiamento, já na sexta-feira passada. Na terça-feira, Krause foi até o gabinete de Haddad e o convenceu da fragilidade da posição brasileira: não tinha o ajuste fiscal; o acordo da dívida externa estava pendente e não havia indicações concretas sobre o plano de curto prazo para a economia. Depois de convencer Haddad, Krause ligou para Itamar em Buenos Aires. O presidente autorizou.

Para o leitor que preferiu acreditar em Fernando Rodrigues, duas coisas ficaram claras: 1) a iniciativa de cancelar a viagem aos Estados Unidos partiu dos ministros, em comum acordo, e não do presidente; 2) a versão assinada por Clóvis Rossi fundamentou-se em rumores mal investigados.

Rumor, para a *Folha de S.Paulo*, é "uma notícia que corre, verdadeira ou não".[4] De acordo com o *Novo manual da redação*, já em uso à época, esse tipo de informação só se publica com o devido registro de que se trata de notícia não confirmada e desde que seja informação com indícios de relevância e não haja tempo de confirmar a exatidão dos dados.

Como Clóvis Rossi e Fernando Rodrigues não fizeram qualquer ressalva perceptível para caracterizar a notícia como rumor, deduz-se que ambos acreditaram em suas fontes e passaram adiante, como verdadeiras, as respectivas informações. O leitor que optasse. A menos que, no caso de Clóvis Rossi, ele estivesse exercitando o estranho conceito de jornalismo espalhado por aí em livro de sua autoria: aquele segundo o qual "jornalismo é uma fascinante batalha pela conquista das mentes e dos corações de seus alvos: os leitores, telespectadores e ouvintes".[5]

Houve, claro está, uma falha de edição, imprópria para jornais com o porte e o discurso da *Folha*. Mas isso pouco importa. A descoberta importante é que, no dia 3 de dezembro de 1992, um só rumor – mas com versões antagônicas – sobre uma crise ministerial produziu duas notícias que se contradiziam, ambas publicadas como verdadeiras, na mesma página e com destaque visual só dedicado a fatos relevantes.

As fontes assim o quiseram.

Uma das notícias não correspondia à verdade. Era informação falsa. Pelo conceito que o *Novo manual da redação* impõe, o rumor virou boato.

O que terá acontecido na intimidade da relação repórter–fonte para que um jornal experiente, definido e controlado como a *Folha de S.Paulo* fosse levado a publicar, com destaque quase equivalente, e como verdadeiras, duas versões antagônicas do mesmo fato?

Quaisquer que sejam as possíveis explicações, algo parece inquestionável: o boato fez parte da dinâmica política do acontecimento (a crise ministerial e sua solução); e está claro que o processo foi comandado por fontes (não citadas) seguras dos seus objetivos.

O VELHO BOATO

O trânsito conceitual entre rumor e boato não agrada à *Folha*, cujo *Manual*, com objetividade de regimento disciplinar, determina aos jornalistas da casa que jamais confundam os dois termos. A *Folha* tem medo da palavra *boato*, entre outras razões, porque, na origem latina (*boatus*, derivado do verbo grego *bodo*), ela significa "mugido ou berro de boi", expressão que o *Manual* considera jocosa, por isso desprezível.

A consulta aos especialistas em língua portuguesa conduz, porém, à seguinte conclusão: tanto na etimologia quanto na semântica, *boato* está mais próximo do jornalismo do que *rumor*, até porque, inevitavelmente, relaciona-se com a atualidade, fazendo circular informações que interferem nela.

O mugido ou berro de boi é o som vindo do rebanho, que se espalha ao sabor do vento. As trasladações do tempo moldaram o significado preferencial que os dicionaristas hoje atribuem à palavra *boato*: notícia anônima que corre publicamente, sem confirmação. *Rumor* (do latim *rumor*) é apenas um ruído, murmúrio de vozes, burburinho, efeito físico, pois. A carga de ambigüidade lhe dá, também, significado de notícia, informação, fama. E a verbalização (rumorar ou rumorejar), na utilização intransitiva, expressa o ato de produzir rumor ou sussurrar brandamente; na aplicação transitiva, é fazer propalar, correr – um boato ou uma notícia.[6]

Como termo do repertório da comunicação, na língua portuguesa, *rumor* é um sinônimo pobre de *boato*.

A digressão serve, apenas, para justificar o abandono do termo *rumor*, em favor de *boato*.

O boato motiva pautas, esconde ou expõe fatos, amplia ou reduz a dimensão dos acontecimentos, altera-lhes o significado, atrai ou repele a curiosidade dos repórteres, motiva ou inibe perguntas, direciona reportagens, gera ou elimina manchetes, produz desmentidos ou confirmações – e ao provocar tais efeitos (sinal de que interage eficazmente com a cultura dos meios) pode determinar ou modificar as intenções das mensagens jornalísticas, adequando-as aos interesses a que está vinculado.

Ferramenta especializada das fontes, o boato circula em todas as áreas de interesse jornalístico, em especial na política, nos negócios e no mundo das estrelas. As próprias redações, e até bons jornalistas, azeitam esquemas nunca revelados para captar boatos em nichos bem situados nos vários centros do poder.

No jornalismo brasileiro, o *off* [7] é a mais nobre e corriqueira prática do boato. Sem ele, jornalistas críticos, que incomodam, como Jânio de Freitas, não teriam poder de fogo.[8]

Em alguns jornais de prestígio internacional, o rigor ético limita ou impede a utilização da informação em *off*. O *El País,* de Madri, por exemplo, recomenda em seu manual a não-utilização dessas informações em textos noticiosos.[9] No Brasil, porém, o *off* é uma das almas da cultura jornalística.

O Estado de S. Paulo recomenda cuidados na utilização do *off* apenas quando se trata de insultos ou acusações, que devem ter a indicação da fonte – salvo se "o informante é da mais absoluta confiança" do repórter ou "se convier que não apareça no noticiário".[10]

A *Folha de S.Paulo* chega a exagerar. O *Novo manual da redação* institui e regulamenta três categorias desse tipo de informação: o *"off" simples* – informação obtida mas não cruzada com outras fontes independentes, que pode ser publicada em colunas de bastidores, ou como notícia, se a fonte for "muito confiável"; o *off checado* – informação cruzada com o outro lado ou com pelo menos duas fontes, que deve ser apresentada sob a forma "a *Folha* apurou"; o *off total* – informação que, a pedido da fonte, não deve ser publicada, servindo, apenas, para "nortear o trabalho jornalístico".

Mas voltemos ao boato, fenômeno da comunicação considerado por Kapferer[11] "o mais antigo dos *mass media*":

> Antes de existir a escrita, o que se dizia de boca em boca era o único canal de comunicação das sociedades. O boato veiculava as notícias, fazia e desfazia reputações, precipitava os motins e as guerras. O aparecimento da

imprensa, depois o do rádio e por fim a explosão dos meios audiovisuais não conduziu, no entanto, ao desaparecimento do boato. Apesar dos *media*, o público continua a obter boa parte da sua informação através daquilo que corre de boca em boca. O advento dos *media*, longe de acabar com os boatos, tornou-os apenas mais especializados: cada um passou a ter o seu território de propagação.[12]

Quem primeiro pesquisou o tema foram os americanos, despertados pela enorme quantidade de boatos em circulação durante a Segunda Guerra Mundial. Kapferer recorta três definições criadas por esses pesquisadores pioneiros.

Para Allport e Postman, boato "é uma proposição ligada aos acontecimentos do dia, destinada a ser acreditada, transmitida de pessoa para pessoa, habitualmente em segredo, sem que existam dados concretos que permitam testemunhar a sua exatidão"; para Knapp, "uma declaração destinada a ser acreditada, relacionada com a atualidade e propagada sem confirmação oficial"; para Peterson e Gist, "uma apreciação ou uma explicação não verificadas, circulando de pessoa em pessoa e incidindo sobre um objeto, um acontecimento ou uma questão de interesse público".[13]

Na síntese, dois atributos principais caracterizam o boato: 1) é antes de tudo uma informação: traz elementos novos sobre uma pessoa ou um acontecimento ligados à atualidade; 2) destina-se a ser acreditado, quer seja falso ou verdadeiro.

Mas Kapferer – para quem o boato é "o aparecimento e a circulação de informações no corpo social", independente de já terem sido ou não confirmadas ou desmentidas – sofistica o conceito:

> O boato exprime um fenômeno definido pela sua origem (não oficial), pelo seu processo (difusão em cadeia) e pelo seu conteúdo (é uma notícia, incide sobre um fato da atualidade). Estamos perante um "boato puro" sempre que uma notícia que emana de uma fonte não oficial só transita de boca em boca, com um processo característico de difusão em cadeia e de forte propagação. Se os *media* difundem essa notícia – sem avisar que se trata de um

boato – enobrecem-na: dão-lhe o estatuto de "informação" e conferem-lhe, assim, as suas cartas de nobreza. O boato deixa de ser "puro": passa a fazer parte da "informação" e dos *media*.[14]

Para Kapferer, ao atingir essa posição de nobreza, o boato deixa de ser boato; em caso de erro, torna-se "informação falsa".

O que mais importa, porém, é sublinhar o registro de que o boato, em forma ou não de *off*, constitui-se instrumento de difusão de informações utilizado intensamente pelas fontes.

3 A CAPACITAÇÃO DAS FONTES

A COMPETÊNCIA das fontes – em especial nas áreas do poder político, da economia e dos negócios – vai muito além da produção e circulação de boatos.

Há casos em que a competência tem forma de esperteza. João Havelange, presidente da Fifa, poucos meses antes do início da Copa do Mundo de Futebol de 1990, prendeu a atenção da imprensa internacional e conquistou espaço considerável nos principais jornais do mundo com uma especulação sobre mudanças radicais nas regras do futebol. Um ano depois, no Rio de Janeiro, acossado pelos repórteres que queriam saber como estavam os estudos sobre as tais mudanças, confessou uma trapaça: "Usei um artifício ao falar que pretendia dividir o jogo em quatro tempos de 25 minutos. O meu objetivo, plenamente atingido naquela ocasião, era desviar a atenção da imprensa sobre a demora das obras nos campos da Itália às vésperas da Copa".[15]

Manipulou os jornalistas para enganar a opinião pública, e considerou isso um feito.

Nas várias estruturas do poder, não são poucos os que se comportam como João Havelange. A permissividade ética os leva à prática freqüente do embuste planejado, iludindo a boa-fé até de bons jornalistas, a fim de plantar nos jornais informações e versões que lhes interessam, ainda que falsas.

Mas de tal competência não vale a pena falar; são apenas hábeis mentirosos. A competência a analisar é aquela normalmente denominada de *assessoria de imprensa*.

Trata-se de uma competência que pode ser avaliada pelo espaço ou tempo ocupados na *media* com conteúdos favoráveis à instituição ou empresa fonte. Para compreender isso, nada melhor do que exemplificar com um estudo de caso.[16] A empresa pesquisada foi a Rhodia S.A., organização complexa, um gigante empresarial vinculado ao grupo francês Rhône-Poulenc.

Em 1985, a Rhodia resolveu tratar a comunicação social como área prioritária. Para implantar a decisão, tirou da Volkswagen o jornalista e relações-públicas Walter Nori, profissional vitorioso no campo da comunicação empresarial e institucional. Nori implementou na Rhodia um ambicioso plano de comunicação social e fez do próprio plano uma peça de divulgação criativamente eficaz: editou-o em forma de manual e fez deste um acontecimento de enorme repercussão externa. De imediato, a Rhodia ganhou a imagem de empresa moderna, aberta, sem medo da verdade, dirigida por um executivo (Edson Vaz Musa, o primeiro nativo a dirigir a filial brasileira do grupo francês) que não se ocupa apenas com balancetes; enxerga mais longe e tem coisas importantes a dizer sobre as questões que interessam à sociedade e ao país.

Para se comunicar positivamente com o ambiente externo (objetivo prioritário do plano), a Rhodia assumiu novos procedimentos profissionais nas relações com a imprensa. A mensuração dos resultados da assessoria de imprensa desenvolvida nos novos moldes revelou que os 87 *releases* enviados aos jornais em 1985 renderam a ocupação de um espaço equivalente a 231 páginas de jornal, com informações sobre a Rhodia. No ano anterior, antes do plano, os 92 *releases* enviados produziram "apenas" 102 páginas. Isto é: a profissionalização (inclusive com a adoção de critérios éticos, previamente divulgados pelo manual) reduziu o número de *releases e* mais que duplicou o aproveitamento.

Nos anos seguintes, os resultados melhoraram ainda mais. Em 1989, com 98 *releases*, a Rhodia conseguiu divulgar ou provocar conteúdos que ocuparam um total equivalente a 390 páginas de texto e 160 minutos de televisão.

Nos métodos de assessoria de imprensa implantados pela Rhodia estabeleceu-se um convívio profissional com a cultura das redações. "Trabalhamos dentro da ótica e da ética jornalísticas", dizia o jornalista Roberto Custódio, chefe da assessoria de imprensa à época da realização do estudo de caso. Por isso, tão ou mais importante que o *release* era a tática de esperar que a imprensa procurasse a empresa.

Em 1991, a imprensa solicitou cerca de 800 entrevistas a executivos da Rhodia, por intermédio da assessoria de imprensa. Trinta por cento das solicitações não puderam ser atendidas devido a impedimentos circunstanciais (quase sempre viagens ou reuniões). Assim, no balanço geral, ao longo do ano, mais de 500 entrevistas foram concedidas em atendimento às demandas da própria imprensa, motivadas por informações distribuídas pela assessoria de imprensa da empresa e estimuladas pelo padrão profissional do relacionamento com as redações.

A Rhodia é, entretanto, apenas um de numerosos exemplos que poderiam ser levantados.

As assessorias de imprensa – estruturadas profissionalmente em departamentos importantes nos organogramas das organizações, ou atuando, como empresas prestadoras de serviços, pela via da terceirização – formam hoje, nas principais cidades brasileiras, redes de grande porte e enorme poder de influência nos sistemas e processos jornalísticos. Elas situam-se nas empresas e instituições geradoras de fatos e atos de significação política, social, econômica, cultural ou científica. Estão nas entidades representativas de segmentos sociais, profissionais, ideológicos, culturais e religiosos. Invadiram o serviço público, a economia privada, os partidos políticos, as entidades classistas, as organizações culturais, os centros de ensino e pesquisa, as igrejas e seitas religiosas, os empreendimentos artísticos. Enfim, atuam em todas as fontes detentoras de informações, opiniões e explicações que interessam à sociedade – atrás de quem a imprensa anda dia e noite.

A rápida expansão da assessoria de imprensa como mercado de trabalho jornalístico, ocorrida no Brasil nos anos 1970 e 1980, tem raízes no sistema de controle da opinião pública implantado pelo regime militar, no período Médici (1969/1974).[17]

Então, os ministérios e, dentro deles, os órgãos públicos de primeira linha e as empresas estatais montaram nutridos departamentos de relações públicas e assessoria de imprensa. A imitação do modelo estendeu-se como rastilho por governos estaduais e municipais. Em dois ou três anos, o serviço público transformou-se em gigantesco e generoso empregador de jornalistas, contratados para a dupla missão que a censura militar e a autocensura favoreciam: divulgar com empenho tudo que fosse favorável aos militares no poder; impedir ou minimizar a publicação de informações, versões e opiniões que contrariassem os interesses governamentais.

Como registro do estrago provocado na imprensa brasileira, vale a pena lembrar o desabafo de Alberto Dines:

> O autoritarismo de 1964 trouxe nossa imprensa para a era da "nota oficial": o repórter recebe o texto em vez de cavar suas próprias informações em várias fontes. O máximo que o jornalista se permite é acrescentar uma cabeça ou *lead*. [...] O repórter e todo o processo jornalístico acomodaram-se e deixaram de investigar. [...] Os grandes jornais preferiram a linha empresarial, que consiste, basicamente, em informar sem comprometer-se.[18]

O diagnóstico traçado por Dines refletia, também, efeitos da modernização gerencial das grandes empresas nacionais e transnacionais, resultado natural do processo de expansão da economia brasileira na década de 1970. As empresas tornaram-se organizações complexas. E nos novos modelos gerenciais do Brasil industrializado, caminhando para a economia de mercado, a comunicação passou a ser um procedimento estratégico prioritário.

Nos tempos da ditadura, a comunicação empresarial incorporou o caráter ufanista do regime, ampliando na imprensa, com *press releases* e alguns estratagemas, um discurso festivo que, entre outros efeitos, adubou o crescimento das editorias de economia. Ao mesmo tempo, tornaram-se rotina práticas de relações públicas e propaganda desenvolvidas a partir do modelo criado por Yve Lee, em 1906, nos Estados Unidos.[19] Almoços, coquetéis, festas, brindes, favores, empregos mais ou menos disfarçados e outras formas de aliciamento ajudavam as empresas e os governos a conseguir publicar notícias, referências e comentários que lhes convinham. Ou – se fosse esse o interesse – a inibir a publicação.

Mas os tempos mudaram. A ditadura foi-se; a democracia consolidou-se; o discurso do jornalismo, e as suas práticas, recuperou alguns traços esquecidos de dignidade.

Mudaram, também, os procedimentos técnicos e éticos da comunicação empresarial.

UM PODER EXPRESSIVO

Na visão moderna de Gaudêncio Torquato,[20] a comunicação exerce hoje, nas empresas e nas instituições, em plenitude, um poder por ele chamado de *poder expressivo*, "legitimando outros poderes existentes na organização, como o poder remunerativo, o poder normativo e o poder coercitivo", já definidos por Etzioni. Apoiando-se em Karl Deutsch, Torquato entende o poder como a possibilidade de uma pessoa ou uma entidade gerar influência sobre outrem. Com essa ótica, ele afirma que a comunicação, poder expressivo das organizações, "viabiliza o processo burocrático". Quanto ao fluxo externo, "ajusta os filões de segmentos de mercado, cria e mantém uma identidade, amplia o esforço mercadológico, melhora as vendas e aperfeiçoa os contatos com públicos diferenciados".

Em sua concepção sinérgica de comunicação empresarial e institucional,[21] Torquato coloca as atividades jornalísticas como parte de uma área de comunicação coletiva, dentro do macrossistema ambiental. Nessa concepção, ao jornalismo empresarial cabe, além de produzir publicações, realizar serviços de assessoria de imprensa, os seguintes, na versão de Torquato:

☐ produzir *press releases* e disseminar informações para os meios de comunicação coletiva, particularmente a imprensa especializada;

☐ coordenar entrevistas para os quadros jornalísticos com o corpo executivo e diretivo da organização;

- preparar *papers* especializados para o *top* executivo;
- preparar textos promocionais;
- acompanhar entrevistas do corpo executivo com os meios de comunicação.

A ocupação profissional da assessoria de imprensa por jornalistas – tanto nos departamentos de comunicação das organizações quanto nas assessorias prestadoras de serviços – produziu, com o tempo, um relacionamento de respeito recíproco entre as redações e os assessores de imprensa. A evolução qualitativa das assessorias de imprensa deu-se tanto nos conceitos quanto nos processos, especialmente em São Paulo. E, à semelhança do acontecido com a Rhodia, quanto melhores se tornavam o nível profissional e o comportamento ético dos jornalistas das assessorias, mais fácil e proveitoso ficava o diálogo com as redações.

Proveitoso igualmente para as redações. As profundas contradições da vida moderna, e seus desdobramentos políticos, sociais e econômicos; a inexorável especialização do saber e das demandas de saber; a multiplicidade das interfaces e dos interesses nos jogos do poder; os crescentes confrontos entre o pragmatismo do progresso econômico e as emergentes culturas de defesa e valorização da vida; a cumplicidade entre a rapidez do desenvolvimento tecnológico (alterando as lógicas sociais e criando novos valores e atitudes culturais), a velocidade das mutações históricas e a conseqüente complexidade das significações dos acontecimentos fazem dos bons assessores de imprensa fontes preciosas para a captação, aferição e interpretação de informações de interesse público.

Por mais que se aproximem do interesse público, os jornalistas que ocupam as assessorias de imprensa são especialistas em técnicas e práticas comunicativas que preservam os interesses das fontes nos processos jornalísticos. Ao mesmo tempo, porém, trabalham com critérios jornalísticos a informação na origem, e lhe agregam atributos que facilitam o seu aproveitamento como notícia imediata, referência para os bancos de dados ou pauta para posteriores desdobramentos jornalísticos. Ferramentas preferidas e mais eficazes de trabalho: o *press release*, o *off*, a troca de informações, a sugestão de pautas, a entrevista coletiva, a criação de acontecimentos. E o rápido atendimento às solicitações das redações.

Conhecedores da cultura e da linguagem dos meios, esses assessores montam e comandam, nas instituições, verdadeiros sistemas especializados de comunicação. Internamente, catalisam, controlam e transformam em matéria-prima noticiosa informações que interessam à instituição, adequando a forma expressiva às características do discurso jornalístico. Faz parte da mesma estratégia assessorar as pessoas que falam em nome da organização, treinando-as no verbo, no estilo, nos comportamentos e em outros detalhes que chamem a atenção, despertem a curiosidade, conquistem a confiança e/ou satisfaçam as expectativas dos repórteres.

O Sindicato dos Jornalistas Profissionais do Estado de São Paulo estima que, na sua área de atuação, os jornalistas de assessoria de imprensa correspondiam, em fins de 1992, a 15% da categoria. Pelos cálculos do próprio sindicato, isso representaria um contingente de aproximadamente 800 jornalistas.[22]

O número é expressivo, mas provavelmente tímido. Está sustentado num cálculo linear, simplista, que divide o mercado de trabalho em segmentos rígidos – de um lado os jornalistas que trabalham nas grandes redações de jornais, televisão e rádio; do outro, os bolsões da comunicação empresarial, do mercado publicitário e de nichos menores, que empregam cada vez mais jornalistas, para trabalhar a informação na perspectiva das fontes.

Existe, porém, o cenário do duplo e até do triplo emprego. Não há dados estatísticos seguros para citar. Mas sabe-se que continua a ser comum, entre os jornalistas das chamadas grandes redações, a busca da complementação salarial nas assessorias de imprensa. E vice-versa.

Qualquer que seja o número, o segmento dos jornalistas que trabalham em assessorias conquistou, no âmbito sindical, força para ter dissídios próprios (o primeiro aconteceu em 1991). Como interface de negociação está o Sindicato Nacional das Empresas de Comunicação Social (Sinco), fundado a 11/05/89, representando empresas prestadoras de serviços nas várias especialidades da comunicação empresarial, institucional e mercadológica.

O crescimento da assessoria de imprensa, como segmento profissional organizado, resulta de um processo iniciado em 1980, com a criação da Comissão Permanente e Aberta dos Jornalistas em Assessoria de Imprensa, no Sindicato dos Jornalistas Profissionais do Estado de São Paulo. Essa comissão organizou encontros estaduais e produziu um *Manual de assessoria de imprensa* com definições técnicas e éticas da atividade que acabou sendo oficialmente adotado, em 1986, pela Federação Nacional dos Jornalistas Profissionais. Estabelece o *Manual*: "A assessoria de imprensa agiliza e complementa o trabalho do repórter, subsidia-o e lhe oferece alternativas adequadas, garantindo o fluxo de informações para os veículos de comunicação".

A expansão profissional da atividade de assessoria de imprensa pode ser medida, também, pelos números fornecidos pela Associação Nacional das Empresas de Comunicação Empresarial (Anece), que agrega empresas prestadoras de serviços, criada em 1986. No final de 1992, a Anece tinha 100 empresas associadas e estimava que existissem 300 no Brasil, pelo menos dois terços das quais em São Paulo.

Levantamento realizado por meio de questionários (30% respondidos) possibilitou à Anece projetar o seguinte perfil desse segmento do mercado, com base em dados de 1991:

☐ O setor tem um faturamento anual de US$ 61,200,000.00 (valores referentes apenas aos honorários cobrados).

☐ O setor emprega 3.120 pessoas, sendo 23% jornalistas profissionais.

☐ As empresas de comunicação empresarial mantêm um total de 2.340 clientes atendidos regularmente.

PRAGMÁTICA DO JORNALISMO

❐ A atividade principal das empresas é a assessoria de imprensa, serviço que todas prestam. Depois vêm: editoração (60%); eventos (46,7%); relações públicas (46,7%).

A extraordinária expansão da assessoria de imprensa no Brasil, e a sua qualificação como atividade jornalística exercida nos pólos de origem da informação, significa que as fontes aumentaram o seu poder de influência na opinião pública, porque se capacitaram para atuar e fazer parte dos processos jornalísticos.

Nessa nova realidade, fontes e meios praticam uma cooperação de recíproca conveniência: os jornalistas das redações escrevem cada vez mais sobre fatos que não observaram e sobre assuntos de que não entendem – precisam de bons informantes e intérpretes da realidade – as fontes empresariais e institucionais, geradoras de fatos e atos de relevância social, e detentoras da capacidade de explicá-los, não sobrevivem sem a comunicação com os ambientes externos – precisam dos meios.

O problema é que, nesse ajustamento de conveniências, o jornalismo freqüentemente se reduz a algumas técnicas usadas como ferramentas de propaganda, para servir a interesses particulares – às vezes, dos próprios jornais e jornalistas.

4 A "ARBITRAGEM" NAS REDAÇÕES

No DIA 16 de março de 1991, quando já se vivia em plena expectativa pelo Grande Prêmio Brasil de Fórmula 1, a manchete na capa do caderno de Esportes de *O Estado de S. Paulo* era a seguinte: "Moreno faz críticas a Interlagos".

Um "olho" discreto acentuava o tom negativo do título: "Companheiro de Piquet na Benetton não entende certas modificações e preferia o velho traçado".

No primeiro parágrafo, que – como manda a boa técnica jornalística – deveria dar sustentação ao título, o elemento mais forte era um elogio de Roberto Pupo Moreno ao novo traçado, acompanhado de um lamento saudosista. O piloto reconhecia que a segurança do autódromo havia melhorado, mas lamentava não poder disputar a prova no antigo traçado, "muito mais atraente", na opinião dele. A crítica (desagrado de Moreno com a curva do S, "muito fechada e inclinada", e com o afastamento do muro na curva de entrada para a reta dos boxes, em ambos os casos, exigências de segurança da Fisa) só surgia no terceiro parágrafo, a indicar que, para o autor do texto, trata-se de informação secundária, menos importante que o elogio feito à segurança do novo traçado. Mas alguém decidiu que o menos importante deveria ser a manchete, dando preferência ao negativo.

Detalhe não explicitado: a reforma de Interlagos foi um projeto prioritário da prefeita Luiza Erundina, do Partido dos Trabalhadores. Até que ponto isso teria influenciado na decisão de fazer a manchete negativa? E quem decidiu que fosse assim?

No mesmo dia, a *Folha de S.Paulo* também noticiava a visita de Moreno a Interlagos, mas com menos destaque, em página interna do caderno de Esportes, e com um título de apenas três colunas, assim: "Moreno faz elogios a Interlagos e acha que McLaren é favorita".

O primeiro parágrafo estava por inteiro dedicado ao favoritismo da McLaren, significando que, para quem redigiu o texto, esse era o elemento importante da notícia. A referência à qualidade do autódromo aparecia no terceiro parágrafo, em apenas duas linhas perdidas no meio do texto. E era tão crítica quanto elogiosa: Moreno "achou boas as mudanças no circuito, mas encontrou muitas ondulações no asfalto".

As observações feitas para a versão de *O Estado* devem ser repetidas no caso da *Folha*: a reforma de Interlagos foi um projeto prioritário da prefeita Luiza Erundina, do PT. Até que ponto isso teria influenciado na decisão de fazer a manchete positiva? E quem decidiu que fosse assim?

Qualquer leitor mais crítico que tivesse lido os dois jornais seria tentado a pensar que o antipetismo de alguém capaz para tal decisão determinou o título crítico, em *O Estado*; e que, na *Folha*, o petismo de alguém, igualmente com a parcela de poder suficiente, produziu o título elogioso.

O que realmente aconteceu – quem decidiu? por que decidiu? onde decidiu? – não se saberá. Mas quem tinha e exerceu a capacidade de decidir produziu e publicou títulos que induziam o leitor a ilações não sustentadas nas informações dos respectivos textos. Embora sem explicitar propósitos, e com pontos de vista antagônicos, as duas ações jornalísticas pretenderam influenciar o leitor na avaliação política das obras de Interlagos, em torno das quais havia, na época, um incrementado questionamento moral, por terem sido viabilizadas por um contrato de "trocas" com a multinacional Shell.

Isso aconteceu nas editorias de Esporte. Se fosse em Cidades (na *Folha*, Cotidiano), a especulação teria sentido inverso em ambos os jornais. É o que se pode deduzir das notícias publicadas sobre o *réveillon* organizado pela Administração Regional de Pinheiros, na av. Henrique Schaumann, na passagem de ano de 1991 para 1992.

O Estado de S. Paulo deu à cobertura da festa destaque de assunto principal da página 2 do caderno Cidades. "*Réveillon* lota rua em Pinheiros", era o título, complementado, em subtítulo, com uma informação que atribuía significado cultural ao acontecimento, e outra sugerindo a idéia de sucesso: "O primeiro *réveillon* de rua, na Henrique Schaumann, foi até as 3 horas".

O texto correspondia ao título, tanto nas informações principais quanto no enfoque:

> Em Nova York, a passagem do ano é comemorada na Times Square. Em Londres, em Picadilly Circus. No 1.º *Réveillon* de Rua de São Paulo, o som rolou animado até as 3 horas na Rua Henrique Schaumann, em Pinheiros. A Escola de Samba Pérola Negra, um show de fogos de artifício e muita cerveja animaram os paulistanos que foram até lá. Pouco antes da meia-noite, a prefeita Luiza Erundina saudou os presentes com um "axé!". Mais de 30 mil pessoas ocuparam a rua.

A reportagem se alongava, descritiva, relatando uma festa repleta, alegre, descontraída, com elevado nível de participação popular. Lá pelo meio do texto, o seguinte detalhe: "Um pouco antes da meia-noite, a prefeita Luiza Erundina subiu ao palanque montado no canteiro central, saudou a população, não se estendeu no discurso e entregou a chave da cidade aos vencedores da Corrida de São Silvestre, os mexicanos Arturo Barrios e Maria Luísa Servin". Ilustrava a matéria uma foto da festa, creditada a Newton Queiroz/Agência Estado.

A *Folha* deu chamada de primeira página, com evidente sentido crítico, atribuindo caráter partidário à festa: "*Réveillon* de rua em SP vira festa petista", dizia o título de duas colunas, bem localizado, valorizado por um fundo reticulado azul. Internamente, em termos de apresentação e localização, a notícia era secundária. Estava na página 2 do caderno Cotidiano, em duas colunas, com a mesma foto do mesmo Newton Queiroz (sem qualquer referência à Agência Estado).

Eis o título, carregado de sentido político: "Erundina faz Réveillon eleitoral em Pinheiros".

A notícia, recheada de intervenções opinativas, estava assim:

O primeiro *Réveillon* de rua promovido pela Prefeitura de São Paulo, na av. Henrique Schaumann, em Pinheiros, reuniu cerca de cinco mil pessoas e foi embalado do começo ao fim por um clima de campanha eleitoral (1992 é ano de eleição municipal). O nome de Luiza Erundina era gritado a todo o momento por alto-falantes. Os organizadores do evento dizem que a festa não custou nada à Prefeitura. "Tudo foi pago pela iniciativa privada", afirmou José Carlos Venâncio, administrador regional.

A prefeita festeira chegou à Henrique Schaumann por volta das 23h e foi embora depois de fazer a contagem regressiva para o Ano Novo com o painel eletrônico montado na rua. Disse que tinha que voltar para casa e fazer companhia a uma tia. "Estava em casa sem fazer nada", era a explicação da maioria dos que perambulavam pela rua entre barraquinhas de comida. Alguns usavam camisetas brancas com a estrela vermelha do PT.

Dois dias depois (04/01/92), o Painel do Leitor da *Folha de S.Paulo* publicava uma longa e indignada carta assinada por Carlos Alberto Pereira de Oliveira, que se identificava como presidente da Comissão Organizadora do 1º *Réveillon* de Rua de São Paulo. Em tom de descompostura, a carta acusava a *Folha* de ter feito uma cobertura imprecisa, falaciosa, antijornalística e mal-intencionada da festa; sugeria que a *Folha* não enviara repórter nem fotógrafo à festa, tendo, por isso, usado as mesmas fotografias de Newton Queiroz, que trabalhava para a Agência Estado; ridicularizava e desacreditava o cálculo de cinco mil pessoas; desmentia a denúncia de propaganda petista na festa e reptava a redação a publicar fotos de pessoas com camisetas do PT e a divulgar qual repórter ouviu o nome da Erundina ser gritado a todo o momento por alto-falantes ("o nome da prefeita foi apenas anunciado duas vezes durante o evento", dizia a carta). Para desmentir o suposto caráter petista do *réveillon*, quem assinava a carta revelava ser membro da coordenação nacional do Movimento Leonel Brizola. E concluía desafiando a *Folha* a revelar, "em respeito aos leitores e em nome da verdade", qual repórter do jornal fora à Henrique Schaumann cobrir o *réveillon*.

A *Folha* não tugiu nem mugiu; engoliu o pito em seco, sem qualquer contestação. A publicação da carta na íntegra, e livre do clássico e arrogante rodapé "a *Folha* mantém as informações publicadas", teve o significado de um público reconhecimento de que os leitores haviam sido enganados. Não por "ordem superior". Mas, provavelmente, porque alguém nas escalas intermediárias, com alguma dose de poder nas mãos, decidiu que aos leitores devia chegar uma versão antipetista da festa – mentindo conscientemente, ou passando adiante, como verdadeiras, as falsas informações colhidas de fontes interessadas em proveitos ideológicos ou partidários.

FAZER E IMPEDIR

Onde está, a quem pertence, a que interesses serve esse poder que capacita jornais e jornalistas – com o uso da privilegiada ferramenta da informação – a favorecer ou contrariar valores, pessoas, instituições, grupos, partidos, empresas e nações?

Qualquer que seja, onde quer que esteja, a quem quer que tenha sido delegado, esse poder se projeta em decisões e ações irreversíveis na intimidade da atividade jornalística, em todos os desdobramentos hierárquicos de produção, criação e controle da notícia.

Diz Marc Paillet[23] que nenhum jornalista tem contato direto e permanente com os fatos. "Ele se dirige, portanto, aos informantes, de primeira ou segunda mão: as fontes." E é precisamente aí que se produz o acontecimento essencial do fenômeno informativo estudado por Paillet – o abismo que separa o relato jornalístico da realidade dos fatos.

A informação, enquanto instrumento de poder, "fornece uma das bases que autorizam as ordenações indispensáveis"[24] aos projetos da sociedade organizada, do que resulta caber ao jornalista um espaço social de relevância crescente. Escreve Paillet, com o ferramental da análise marxista:

> Ele é o intermediário entre os meios de elaboração (científico, técnico, econômico, cultural etc.) e o grande público. Este não é, talvez, tocado por essa

ou aquela inovação, mas globalmente por um conhecimento, mesmo que aproximativo, da marcha do tempo. Um vaivém permanente entre especialistas e cultura geral é indispensável à sobrevivência e ao progresso de um corpo social. Entretanto, essa ação de informar se desenvolve em clima tenso. É marcada pelo antagonismo revolucionário entre o progresso dos embasamentos e a rigidez das superestruturas. [...]

O jornalista se encontra no âmago da contradição essencial. De um lado, a sociedade reclama um relato completo e sem disfarces das inovações fundamentais nas suas origens, desenvolvimentos e conseqüências. Ela quer um repertório abundante de problemas, uma exposição das soluções possíveis, o que não pode ser feito sem polêmicas e confrontos.

Por outro lado, ao jornalista é pedido que exponha a sociedade tal como é, o que, aos olhos do *establishment*, se acompanha do desejo de que a notícia privilegie o que existe, em detrimento do que poderia ser, e que reflita, em primeiro lugar, as estruturas vigentes.[25]

Com visão crítica voltada para a realidade brasileira, Cremilda Medina[26] identifica como exercício do "poder de censura", em graus variáveis para os diferentes sistemas políticos, a ação dessas forças autoritárias sobre o trabalho de coleta e divulgação de informações. Com ou sem censura institucionalizada, "existem mecanismos mais sutis (e mais eficientes) nas relações da imprensa com o poder, que dificultam ou impedem o livre trânsito de informações da órbita oficial para a sociedade" – e isso se dá não apenas em relação ao Estado: "os mecanismos informais de controle da informação são apropriados pelas grandes organizações privadas e pelos grupos de interesse".

Nas sociedades democráticas, essa é uma dinâmica de forças que atuam em direções opostas. No entender de Medina, "dos confrontos resulta a informação liberada para o público".

Paillet traz a análise das contradições desse processo social para o campo inevitável da linguagem, situando como ponto de partida o autoritarismo institucional que não se limita a apresentar a escolha dos fatos; propõe os tipos de discurso e os modos como devem ser apresentados. Assim, enquanto discurso,

> a linguagem jornalística, considerada desta vez como modo de expressão, hesita entre dois pólos: a exposição do fato (ou tal pretensão), que tende para uma linguagem conservadora e unidimensional, e a retomada crítica, que comporta hesitações, dificuldades, esoterismos, violências, injúrias, polêmicas e "linguagem suja".[27]

Qualquer que seja a opção, pertence à competência do jornalista transformar o acontecimento em notícia. Como defende Albertos,[28] o fato só se transforma em notícia desde que "haja sido recolhido, interpretado e valorado pelos sujeitos promotores que controlam o meio utilizado para a difusão".

Mas esse é também um processo complexo, controlado por sistemas e subsistemas formais de poder que administram as linguagens do meio, no que se refere às razões, intenções, escolhas e formas de expressão. Nas camadas superiores estão aqueles a quem Paillet chama de "árbitros"[29] (diretores, editores, pauteiros, editorialistas, chefes de reportagem e até repórteres com prestígio pessoal), que decidem *o quê, quando e como* publicar. Eles definem conteúdos, prioridades, relevâncias, enfoques, propósitos e a disposição final dos textos, a relação entre eles e a sua apresentação.

Sem o poder de decisão final, mas com a capacidade atribuída de fazer notícias, existem as camadas "proletárias", formadas pelos diferentes níveis de profissionais colhedores das informações, em contato direto ou indireto com os autores, atores e intérpretes dos acontecimentos. São os "árbitros", porém, que decidem o essencial, interferindo em dois momentos fundamentais: "quando das determinações prévias e no momento da escolha entre as informações recolhidas". Aos "árbitros" pertence, ainda, o poder da "última olhada no pacote de mensagens" a ser enviado ao público, depois que as informações escolhidas recebem o tratamento técnico de acabamento, por parte de secretários de redação, diagramadores, ilustradores e outros.

Essa capacidade de decidir o que informar e como informar resulta no exercício diário de um poder concreto. Como ensina Foucault, onde há poder, ele se exerce – e se exerce "em determinada direção, com uns de um lado e outros do outro".[30] A noção de poder continua sendo, porém, uma coisa difusa. Talvez por isso, quando fala dos intelectuais, Foucault diga que a teoria do poder "não expressará, não traduzirá, não aplicará uma prática"; a teoria "é uma prática".[31]

Pode-se aplicar aos "árbitros" da informação o que Foucault afirma quando analisa a relação entre os intelectuais e o poder:

> Os intelectuais descobriram recentemente que as massas não necessitam deles para saber; elas sabem perfeitamente, claramente, muito melhor do que eles. Mas existe um sistema de poder que barra, proíbe, invalida esse discurso e esse saber. Poder que não se encontra somente nas instâncias superiores da censura, mas que penetra muito profundamente, muito sutilmente em toda a trama da sociedade. Os próprios intelectuais fazem parte deste sistema de poder. A idéia de que eles são agentes da "consciência" e do discurso também faz parte desse sistema. O papel do intelectual não é mais o de se colocar "um pouco na frente ou um pouco de lado" para dizer a muda verdade de todos; é antes o de lutar contra as formas de poder exatamente onde o próprio intelectual é, ao mesmo tempo, o objeto e o instrumento: na ordem do saber, da "verdade", da "consciência", do discurso.[32]

Em outra perspectiva, Marc Paillet define e recorta a mesma contradição. "No Ocidente", escreve ele, "o jornalista, mesmo altamente posicionado, se coloca em oposição aos poderosos e às instituições que refletem um certo poder econômico."[33] Esse poder situa-se nas empresas e nos bancos, nas sociedades multinacionais, nos grandes monopólios (inclusive públicos) e "em todos os mecanismos que se articulam a partir daí". Localiza-se também no Estado, que se apossou de uma competência econômica extremamente abrangente.

Ora – seguindo o raciocínio de Paillet –, o jornalista não é nem proprietário, nem empresário, nem dirigente, nem tecnocrata. Mas as empresas em que trabalha podem constituir ou estar vinculadas a um poder econômico, contra o qual nada pode o lado "anti" da personalidade jornalística. "Essa posição paradoxal explica as ambigüidades que atingem tanto a atividade quanto o comportamento e a psicologia do jornalista" – que além do mais, assinala Paillet, tem de lidar com a frustração de ser espectador dos acontecimentos, talvez ansioso para ser ator.[34]

A contradição em que os "árbitros" da notícia estão envolvidos reflete, de alguma forma, o lado mais profundo da questão do poder: *Quem exerce efetivamente o poder?* Onde se localiza quem o exerce? O saber de Foucault não tem a resposta.

> Atualmente se sabe, mais ou menos, quem explora, para onde vai o lucro, por que mãos ele passa e onde se reinveste; mas o poder... Sabe-se muito bem que não são os governantes que o detêm. E a noção de "classe dirigente" não é muito clara nem muito elaborada. [...] Além disso, seria necessário saber até onde se exerce o poder, através de que revezamentos e até que instâncias, freqüentemente ínfimas, de controle, de vigilância, de proibição, de coerções.[35]

E O LEITOR?

Pode-se não saber ao certo quem detém o poder. Mas sabe-se muito bem quem não o possui.

O leitor, por exemplo, raramente consegue interferir em conteúdos e intenções. Embora nos discursos de marketing dos jornais o leitor seja a razão central dos objetivos jornalísticos, na prática ele recebe tratamento de consumidor.

Na *Folha,* o manual em vigor, lei da casa, tem dois verbetes sobre o leitor. Um deles, pomposamente, estabelece que o leitor é o sujeito do processo, com o seguinte texto:

MANDATO DO LEITOR – [...] cada leitor delega ao jornal que assina ou adquire nas bancas a tarefa de investigar os fatos, recolher material jornalístico, editá-lo e publicá-lo. Se o jornal não corresponde a suas exigências, o leitor suspende esse mandato, rompendo o contrato de assinatura ou interrompendo a aquisição nas bancas. A força de um jornal repousa sobre a solidez e na quantidade de mandatos que lhe são delegados.

No outro verbete, o leitor é apenas consumidor, com direito a bons serviços, e dividido em duas categorias:

LEITOR – Leitor primário é aquele que compra o jornal. Leitor secundário é aquele que tem acesso ao jornal, embora não tenha o hábito de comprá-lo. A *Folha* procura manter relação transparente com seus leitores. Isso se expressa na instituição do *ombudsman*, no reconhecimento de seus erros e omissões e na disposição para corrigi-los. Expressa-se também na divulgação de seus documentos internos, como este manual. Faz parte da filosofia editorial da *Folha* poupar trabalho a seu leitor. Quanto mais trabalho tiver o jornalista, menor trabalho terá o leitor para entender o que o jornalista pretende comunicar. O jornal deve relatar todas as hipóteses sobre um fato, em vez de esperar que o leitor as imagine. Deve publicar cronologias, biografias, e mapas em vez de esperar que o leitor vá recordar ou pesquisar por conta própria. Deve explicar cada aspecto da notícia em vez de julgar que o leitor já esteja familiarizado com eles. Deve organizar os temas de modo a que o leitor não tenha dificuldade de encontrá-los ou lê-los.

No *Manual de redação e estilo* de *O Estado de S. Paulo*, o leitor nem verbete merece. Para compensar, há uma referência logo no primeiro item das Instruções Gerais, quando se obriga, aos jornalistas da casa, a prática das virtudes da clareza, da precisão, da objetividade e da concisão, por não ser justo "exigir que o leitor faça complicados exercícios mentais para compreender a matéria".

Mais adiante, outra curta observação de natureza utilitária convida os redatores a pensar no leitor: "Tenha sempre presente: o espaço é precioso; o tempo do leitor, também". E mais algumas lembranças no mesmo tom: "Nunca se esqueça de que o jornalista funciona como *intermediário* entre o fato ou a fonte de informação e o leitor"; "Não perca de vista o universo vocabular do leitor"; a ausência de fluência entre os parágrafos "faz a atenção do leitor se dispersar no meio da notícia" – e poucas mais, de insignificância equivalente.

Como se vê, o que prevalece na definição do espaço do leitor, por parte dos dois jornais, é a visão utilitária da empresa editora, para a qual o jornal é um produto, e como tal se deve relacionar com o mercado.

Em nenhum momento se capta, na leitura dos manuais de redação dos dois jornais, qualquer preocupação ou reflexão mais sociológica ou cultural que trate o leitor como sujeito de um processo de comunicação e cidadão com direitos específicos.

Em 1948 – convém lembrar mais uma vez – foi incorporada à cultura humana uma Declaração Universal de Direitos que diz, em seu artigo 19: "Todo indivíduo tem direito à liberdade de opinião e de expressão; este direito inclui o de não ser molestado por causa de suas opiniões, o de investigar e receber informações e opiniões e o de difundi-las sem limitação de fronteiras, por qualquer meio de expressão".

A liberdade de informação, que devia existir nos países que subscreveram a Declaração, refere-se tanto à possibilidade de difundir quanto ao direito de receber informações. Quando um jornal ou um jornalista subtrai a verdade ao leitor, ou o ilude com artifícios e falsas intenções, o direito à liberdade de informação está sendo vilipendiado.

A universalidade do direito consagrado pelo artigo 19, no que se refere ao sujeito ("todo indivíduo"), é tão grande quanto a própria Declaração, como assinala Desantes.[36] E ele fala de uma discriminação social evidente: a das multidões que não podem interferir nem ter acesso aos meios informativos, por estarem esses meios nas mãos de oligopólios, controladores da informação.

Talvez por isso a *Folha* se proclame mandatária dos leitores que a compram. Embora distorcida pela perspectiva mercadológica em que está formulada, essa autoproclamação toca uma verdade ética fundamental nos processos democráticos de comunicação: o direito à informação é privilégio do leitor, não do jornalista nem dos jornais.

Sempre que um editor ou um repórter – por incompetência, arrogância, interesse pessoal, ambição de poder, irresponsabilidade profissional, subalternidade a quem o controla ou qualquer outro motivo – priva o leitor da notícia correta e plena, trai o principal e mais belo dos compromissos que tem com a construção e o aperfeiçoamento de uma sociedade livre: assegurar a "todo indivíduo" o direito de ser informado. Com o relato veraz.

REFERÊNCIAS

1. No seu *Novo manual da redação* (1992 – 3ª ed., versão eletrônica), a *Folha de S.Paulo* é peremptória nas exigências quando trata da exatidão: "Seja obsessivamente rigoroso. O jornal tem obrigação de publicar apenas informações corretas e completas".

2. Ver *Manual de redação e estilo, O Estado de S. Paulo,* São Paulo, 1990, p. 19: "O *Estado* considera sua obrigação publicar apenas notícias corretas e precisas".

3. CREMILDA, Medina, *Notícia, um produto à venda* (2ª ed.), São Paulo, Summus, 1988, pp. 146-47. A autora propõe um rigoroso perfil qualitativo para um produtor da informação na democracia, com cinco atributos fundamentais: ética profissional; capacidades técnicas para investigar a realidade presente e futura; capacidade de relação com a realidade social; capacidade técnica e artística no domínio da linguagem; acúmulo de informações e vivências a serviço do enriquecimento profissional.

4. *Novo manual da redação,* verbete "Rumor/Boato/Fofoca".

5. ROSSI, Clóvis, *O que é jornalismo?* (7ª ed.), São Paulo, Brasiliense, p. 17.

6. FERNANDES, Francisco, *Dicionário de verbos e regimes* (35ª ed.), Rio de Janeiro, Globo, 1987.

7. *Off,* simplificação do inglês *off the record* (extra-oficialmente, confidencialmente), é o jargão que, no meio jornalístico, identifica a prática de passar ao

jornalista informações que não devem ser publicadas ou que, se publicadas, não devem ter a fonte revelada.

8. Em entrevista à *Revista Santista* (Moinho Santista e Associados, São Paulo, Ano VI, nº 21, Fevereiro/90, p. 26), Jânio de Freitas declarou: "O jornalista tem que conseguir estabelecer uma rede de informantes e ter o máximo de segurança nessa rede. Não basta que você confie na fonte; a fonte tem que confiar em você. E essa confiança vem do tipo de relação entre as duas partes. O jornalista não pode tratar mal sua fonte, nem trair essa confiança".

9. *El País – Libro de estilo* (4ª ed.), Madri, El País, 1990, p. 322.

10. Ver *Manual de redação e estilo*, pp. 20-23.

11. KAPFERER, Jean-Noël, *Boatos – O meio de comunicação mais velho do mundo*, Lisboa, 1988.

12. *Id., ibidem*, p. 13.

13. *Id., ibidem*, pp. 14-15. Obras citadas: ALLPORT, G. W. e POSTMAN, L., "An analysis of rumor", *in Public Opinion Quarterly, 10,* inverno 1946-1947, pp. 501-17; KNAPP, R., "A psychology of rumor", *in Public Opinion Quarterly, 8,* 1944, pp. 23-37; PETERSON, W. e GIST, N., "Rumor and public opinion", *in American Journal of Sociology, 57,* 1951, pp. 159-67.

14. *Id., ibidem*, pp. 27-28.

15. Ver *O Estado de S. Paulo,* 25 abr. 1991, p. 26.

16. Estudo realizado em 1992 para a disciplina "Assessoria de Imprensa", do curso de Jornalismo da ECA/USP, pelos alunos Christiane Teixeira, Flávia Pardini e Nelson Valêncio.

17. Ver CHAPARRO, Manuel Carlos, *A notícia (bem) tratada na fonte.* Dissertação (Mestrado em Ciências da Comunicação). São Paulo, ECA/USP, 1987, pp. 40-47.

18. DINES, Alberto, *O papel do jornal* (4ª ed.), São Paulo, Summus, 1986, p. 91.

19. TORQUATO, Gaudêncio, *Comunicação empresarial/Comunicação institucional.* São Paulo, Summus, 1986, p. 18.

20. *Id., ibidem*, pp. 90-91.

21. Yve Lee, considerado o criador das Relações Públicas, em 1906 abandonou a carreira de jornalista para atuar como assessor e mudar a imagem de criminoso social que John D. Rockefeller tinha na opinião pública americana. Sobre o

assunto, ver CHAPARRO, Manuel Carlos, *ibidem*, nota 17, pp. 23-32; WEY, Hebe, *O processo de relações públicas* (2ª ed.), São Paulo, Summus, 1986, pp. 29-31; CHAUMELY, Jean, e HUISMAN, Denis, *As relações públicas,* São Paulo, Difusão Européia do Livro, 1964, pp. 9-12; e ANDRADE, Teobaldo, *Para entender relações públicas,* São Paulo, Loyola, 1983, pp. 61-62.

22. Informações obtidas da Diretoria de Administração do Sindicato dos Jornalistas Profissionais do Estado de São Paulo.

23. PAILLET, Marc, *Jornalismo – O quarto poder.* São Paulo, Brasiliense, 1986, p. 38.

24. *Id., ibidem,* p. 22.

25. *Id., ibidem,* p. 26.

26. MEDINA, Cremilda, *Profissão jornalista: responsabilidade social.* Rio de Janeiro, Forense Universitária, Rio de Janeiro, 1982, pp. 277-78.

27. PAILLET, *op. cit.,* p. 28.

28. ALBERTOS, José Luís Martinez, *Redacción periodística – Los estilos y los géneros de la prensa escrita,* Barcelona, ATE, 1974, p. 88.

29. PAILLET, *op. cit.,* pp. 30-31.

30. FOUCAULT, Michel, *Microfísica do poder* (10ª ed.), Rio de Janeiro, Graal, 1979, p. 75.

31. *Id., ibidem,* p. 71.

32. *Id., ibidem,* p. 71.

33. PAILLET, *op. cit.,* p. 33.

34. *Id., ibidem,* pp. 33-34.

35. FOUCAULT, *op. cit.,* p. 75.

36. DESANTES, José Maria, *La Información como derecho,* Madri, Nacional, 1974.

PARTE III

O poder da norma

A função primária dos jornais é comunicar à raça humana o que seus membros fazem, sentem e pensam.
Do Código de Ética da American Society of Newspaper Editors

1 PRIMADO DAS ORGANIZAÇÕES

Como assinala Etzioni,[1] vivemos numa sociedade de organizações, somos educados por organizações e a maioria de nós passa a vida a trabalhar para organizações. Por isso se atribui, em nossos tempos, tanto valor ao racionalismo, à eficiência e à competência. Na sociedade moderna, poucas formas de agrupamento social têm a racionalidade, a eficiência e a competência das organizações empresariais.

Para as organizações que os editam, os jornais são produtos necessários à sociedade, devem gerar lucros e outros ganhos não necessariamente financeiros. Para os escrever, imprimir e distribuir é necessário coordenar um elevado número de ações humanas, administrar pessoal e recursos de vários tipos, criar e ajustar sistemas de convergência de esforços e capacidades, avaliar continuamente processos e resultados e conseguir que decisões, expectativas e interesses se conciliem com os objetivos maiores da organização, quer sejam eles utilitários, de ideário ou ambos.

"Uma organização tem sempre objetivos específicos; sua razão de ser é servir a esses objetivos", diz Etzioni. Por isso existem nas empresas sistemas de autoridade que legitimam instâncias de poder e controlam pessoas.

As sugestões de Weber, no tema, continuam tão válidas quanto em 1947, ao serem formuladas: para que uma organização seja eficiente e competente, precisa ter um sistema de autoridade burocrática como instrumento de organização.[2] Weber descreveu com minúcia os instrumentos dessa autoridade burocrática, entre os quais: a) uma organização contínua de funções oficiais, ligadas por normas; b) o estabelecimento de esferas específicas de competência; c) um conjunto de normas técnicas que regulem a conduta nos diferentes cargos e nas diversas esferas de competência; d) a formalização das normas por escrito.

Nas chamadas grandes redações, como em qualquer outra organização, o poder que determina ou tolera as decisões no dia-a-dia jornalístico, ainda que de origem desconhecida, é também exercido por meio de normas claramente estabelecidas. No caso da *Folha de S.Paulo* e de *O Estado de S. Paulo*, uma parte importante das normas formalizadas tem o nome de *Manual*. Cada jornal possui o seu, e por ele impõe ou tenta impor, ao seu universo produtivo, um código técnico de redação e um sistema ideológico ou prático de valores.

Não por causa dos manuais, mas também com a contribuição multiplicadora deles – em especial no caso da *Folha de S.Paulo* –, cria-se em cada redação um ambiente cultural próprio. E, porque todos os esforços e recursos se articulam em torno de processos comunicativos complexos, os manuais normativos acabam dando substância a pragmáticas particulares que, além de motivar as intenções jornalísticas, alcançam comportamentos e propósitos de fontes e leitores.

A Pragmática trata dos aspectos psicológicos e culturais dos processos de comunicação, o que, de alguma forma, envolve os modernos manuais de redação dos grandes jornais, pela influência que podem exercer sobre as intenções e o comportamento jornalístico de editores e repórteres, nas suas relações entre si, com as fontes e com os leitores. Ou pelos propósitos utilitários que impõem ao produto.

O PROJETO *FOLHA*

Quando criou o seu primeiro *Manual geral de redação*, não era a Lingüística que preocupava a *Folha*. A norma veio no bojo da cirurgia de profundidade que moldou o atual perfil ideológico e de linguagem do jornal, e impôs profundas mudanças nos métodos de produção. O *Manual* era um documento autoritário, destinado ao estabelecimento de uma ordem burocrática e não à definição de um conceito de jornal ou jornalismo. Ele cumpria a função de regimento disciplinar, institucionalizando, nas relações humanas e no processo produtivo, um poder burocrático rigidamente hierarquizado.

Para compreender o porquê dessa opção pelo autoritarismo é necessário abrir um parêntese e dar um pequeno mergulho na história recente do jornal. E importa fazê-lo porque a *Folha*, independentemente do muito ou pouco apreço que se tenha pelo seu projeto, tornou-se o paradigma mais copiado do jornalismo brasileiro, nos anos 1980.

No livro póstumo *A regra do jogo*,[3] Cláudio Abramo (falecido em agosto de 1987) revela que em 1974, quando "estava encostado na *Folha*", encontrou-se com Otávio Frias, dono do jornal, num hotel de Nova York. "Falamos durante horas, quando expus a ele o que achava que deveria ser feito. Ele estava pensando da mesma forma." Abramo não revela o teor da conversa, mas sugere que ali teria nascido o embrião do Projeto Folha. Abramo e Frias chegaram à conclusão de que somente num regime democrático a *Folha de S.Paulo* poderia crescer e tornar-se um jornal forte.[4] E aí se tomou a decisão de implantar mudanças de linha editorial que colocassem a *Folha* na vanguarda da luta pela redemocratização do país.

As mudanças logo começaram a acontecer. Discretamente, a princípio; com maior intensidade a partir de junho de 1975, quando o próprio Cláudio Abramo assumiu informalmente o comando das ações jornalísticas; e de forma definitiva alguns meses depois, quando Abramo se tornou diretor de redação.

O passo mais importante foi a concessão de um amplo espaço nobre à opinião. Nessa tribuna, alguns dos nomes mais respeitados do pensamento político brasileiro iniciaram o debate público dos dramáticos temas da nação sob ditadura. Também foram contratados Alberto Dines, Paulo Francis, Newton Rodrigues e Mino Carta (este como colaborador), profissionais de primeira linha. Com eles, a *Folha* deu início a uma fase de jornalismo de autor.

Alberto Dines lançou a coluna "Jornal dos Jornais", exercitando – com rigor técnico, liberdade e saber teórico – a crítica dos meios impressos. Em sua coluna semanal de avaliação dos jornais, Dines começou a sacudir consciências, a estimular competências, a incendiar o senso crítico das redações e a expor publicamente o pecado generalizado da autocensura.

Mas a agressividade de sabor esquerdista da *Folha de S.Paulo* acordou o monstro da ditadura, que parecia ensonado, embora incomodado. O regime militar decidiu mostrar sua força: aproveitando-se do pretexto oferecido por uma crônica publicada no dia 1º de setembro de 1977, considerada ofensiva à memória do Duque de Caxias, os militares no poder prenderam Lourenço Diaféria, autor do texto.

A crônica de Diaféria teve também a capacidade de levar a *Folha* a libertar-se de ambigüidades. O jornal foi para o confronto: na edição seguinte, em sinal de protesto pela prisão do cronista, o jornal decidiu manter o espaço da coluna, mas em branco. Abramo conta ter sido o único a votar contra essa corajosa decisão, na reunião da qual participaram, além dele, os donos do jornal (Otávio Frias e Carlos Caldeira Filho) e o jornalista Ruy Lopes.

A publicação da coluna em branco deu aos militares o pretexto que faltava para a pressão definitiva: "O general Hugo Abreu, chefe da Casa Militar de Geisel, ligou para o jornal e então o Frias pediu que me demitisse; e eu me demiti", relata Abramo.[5] Com Abramo caíram Alberto Dines e Mino Carta.

Em setembro de 1977, a *Folha* voltou a ser um jornal comum, encolhido, aparentemente amedrontado, enquanto Lourenço Diaféria enfrentava um duro processo na Justiça Militar, no qual acabou sendo absolvido em instância superior.

Boris Casoy, que editava "Painel", então a coluna mais lida do jornal, substituiu Cláudio Abramo, assumindo como editor-chefe do jornal, função que alguns anos antes já ocupara. Ele faz o seguinte relato:[6]

> A pressão sobre a *Folha de S.Paulo* ocorreu dentro do quadro da sucessão do general Ernesto Geisel à Presidência da República. O jornal preconizava a volta ao regime democrático e isso incomodava o grupo militar ligado ao ministro de Exército, general Sylvio Frota, que queria ser presidente.

Sentimos a pressão. Uma suspensão de trinta ou sessenta dias poderia provocar a morte da *Folha*. E o jornal fez um recuo tático: afastou pessoas, retirou a página de opinião. Foi uma atitude de sobrevivência. Continuamos, porém, a noticiar os fatos com fidelidade. E, pouco a pouco, avaliando riscos, fomos para uma retomada lenta das posições anteriores.

De acordo com o relato de Boris Casoy, a retomada lenta se deu, por exemplo, por meio da cobertura informativa que a *Folha* passou a dedicar ao movimento sindical que crescia, forte, em São Bernardo do Campo, sob a liderança de Luiz Inácio da Silva (ele ainda não havia incorporado o apelido "Lula" ao nome). Depois, a página de opinião voltou.

Mas um fato jornalístico marcou a ruptura definitiva com esse período de prudência e encolhimento: uma insólita entrevista concedida aos repórteres Getúlio Bittencourt e Haroldo Cerqueira Lima pelo general João Figueiredo, candidato oficial à Presidência da República. O futuro chefe da Nação era um desbocado contumaz (tempos depois, já presidente, diria aos jornalistas que preferia o cheiro de cavalos ao cheiro do povo). Na entrevista, afirmou coisas que resultaram num texto considerado explosivo e cuja publicação devolveu à *Folha* a vocação de jornal político.

Boris Casoy emociona-se quando recorda o episódio:

> Publicar a entrevista do general Figueiredo foi uma decisão minha, solitária. Era um texto com potencial de muitos megatons. Eu me tranquei na minha sala para avaliar e decidir. Foi um momento terrível de tensão. Me senti só, profundamente só; eu, frente à responsabilidade de decidir. E o que pesou foi meu compromisso ético com o leitor. Decidi fazer aquilo que o dono do jornal – depois o soube – não faria: publicar a entrevista.

Segundo Boris, o general Figueiredo irritou-se profundamente com a publicação da entrevista imprudente dada a dois jornalistas competentes, um dos quais, Getúlio Bittencourt, possuía

PRAGMÁTICA DO JORNALISMO

memória privilegiada – e para estimular declarações do entrevistado não usava gravador nem fazia anotações.

Nada foi desmentido, porém.

As declarações do futuro presidente tiveram um efeito de vendaval na opinião pública. E é isso que dá sentido à seguinte frase de Boris Casoy, no relato feito: "Quando decidi publicar a entrevista do general Figueiredo, foi como se tivesse resolvido bater a cabeça numa parede, com toda a força possível. Sabia que poderia perder a cabeça; mas também poderia derrubar a parede. Derrubei a parede".

Talvez a parede derrubada em definitivo tenha sido a da autocensura, pelo menos na *Folha de S.Paulo*. Com a publicação da entrevista sensacional, o jornal "se engrandeceu por dentro, se vigorizou", diz Boris. A *Folha* ganhou coragem e condições psicológicas para acentuar a retomada da fisionomia contestatória. Voltou a ceder os espaços mais nobres à opinião política das elites intelectuais. No plano da informação, ampliou e deu agilidade ao noticiário da contestação sindical liderada por Lula e aliou-se a outros movimentos de rebeldia cívica que brotavam do seio da sociedade civil, cada vez mais acordada e organizada.

No começo dos anos 1980, as lutas pela liberdade ganharam rumos irreversíveis. E a *Folha de S.Paulo* se converteu, para a opinião pública, no elo mais importante do movimento pela democracia, pois supria de informações e opiniões a discussão política que ativava a consciência nacional.

Aconteceu, então, a campanha das "Diretas Já!", oficialmente lançada em julho de 1983, em Goiânia. Antes do primeiro comício, quando a campanha ainda estava no sigilo dos partidos de oposição, o sexto sentido de Otávio Frias levou-o a aceitar a proposta a ele apresentada primeiramente pelo filho Otavinho (Otávio Frias Filho), e depois por outros, para que a *Folha* embarcasse de corpo e alma no sonho da Nação. Após a manifestação de Goiânia, as multidões, num crescendo, tomavam as ruas e as grandes praças do país, em jornadas emocionantes, clamando por democracia. E a *Folha* estava lá, desde o primeiro momento.

Diz Boris Casoy: "Passamos a fazer um jornalismo de campanha, engajados nela. As Diretas se transformaram em nossa bandeira. Mas cumpríamos também o nosso papel de informar com isenção".

Diz-se, e sem desmentidos, que a adesão à campanha das "Diretas Já!" foi um lance genial de marketing, plenamente bem-sucedido, pois a *Folha de S.Paulo* se tornou o principal jornal do Brasil, tanto em tiragem quanto em conceito na opinião pública. Os argumentos dos que consideravam a opção libertária da *Folha* uma estratégia de marketing eram reforçados pelo fato de a mesma empresa editar também a *Folha da Tarde*, à época um jornal alinhado com o regime militar e a repressão.

De qualquer forma, a experiência das "Diretas Já!" provou que um jornal não é só um produto a ser gerenciado com mais ou menos competência; quando conquista a confiança e atrai as expectativas do público, torna-se uma entidade social e cultural, carregada de emoções, alimentando processos complexos de comunicação com informações, análises e opiniões que podem contribuir para mudar os rumos de povos e nações.

LEI DO MAIS FORTE

Em 1984, o sonho das eleições diretas para a Presidência da República não se realizou. A relação de forças no Congresso ainda era favorável ao regime militar. Mas a campanha "Diretas Já!" criou condições políticas, ainda que pelo voto indireto, para eleger um presidente civil. Tancredo Neves, o eleito, morreu antes de assumir a Presidência da República. Viveu, porém, o suficiente para coordenar a negociação nacional que pôs fim à ditadura militar.

Porque o Brasil mudou – dizem os que coordenaram a partir de então o Projeto Folha – teria de mudar também a *Folha de S.Paulo*. Um detalhe da conversa de Nova York, entre Cláudio Abramo e Otávio Frias, talvez tenha passado despercebido aos que preferiam que a *Folha* tivesse continuado a ser o jornal das

Diretas. Frias e Abramo assentaram, como idéia preliminar, que *somente num regime democrático a* Folha de S.Paulo *poderia tornar-se um jornal forte.*

Assim, em termos estratégicos, o que a *Folha* fez, com a campanha das Diretas, foi ajudar a derrubar a ditadura. Quando se configurou que a ditadura agonizava e o país caminhava inevitavelmente para a democracia, os donos do jornal e quem os assessorava resolveram enterrar com o passado o jornalismo engajado – e implantar, definitiva e integralmente, o projeto de "um jornal apartidário, pluralista, crítico, didático, moderno na tecnologia e na linguagem", síntese oficial do Projeto Folha.

Não somente para largos segmentos da opinião pública, mas também para a própria equipe interna, foi um choque traumático ver o jornal quase passional das "Diretas Já!" passar a criticar com a mesma independência os pecados da direita e da esquerda, a tratar com critérios idênticos as candidaturas de Maluf e Tancredo. Mas não haveria retrocesso. Os que não gostavam da nova linguagem ou se acomodavam ou saíam. Muitos sairiam, entre eles, inconformado, o bravo repórter Ricardo Kotscho, que havia ganho de Ulysses Guimarães o título de "cronista das Diretas".

Dos tempos do jornalismo engajado, e da emocionante fase libertária da campanha das Diretas, resultara – diz Boris Casoy – "um jornal quase caótico no que se refere aos métodos e ao ambiente de produção, com uma redação sem unidade". Por isso, na visão dos que comandavam a implantação do projeto, a prioridade era "colocar a redação sob uma camisa-de-força", para buscar a unidade editorial que faltava. E em função desse objetivo surgiu a primeira versão do *Manual geral da redação,* produzido por uma equipe formada por Otávio Frias Filho, Boris Casoy e Caio Túlio Costa.

A "lei do mais forte" foi formalizada, para conhecimento prévio de todos e compromisso de obediência, naquele manual considerado hoje, pela própria *Folha,* "draconiano e impositivo". Era um manual de "característica militante" (para usar outra adjetivação com que o *Novo manual da redação* contempla a versão pioneira de 1984, ao comentá-la), pensado e feito para disciplinar ou expulsar da redação todas as resistências ao projeto.

Por essa época, entrou na *Folha* e fez rápida carreira na casa um profissional jovem chamado Carlos Eduardo Lins da Silva. Além de jornalista, ele já era professor qualificado da Universidade de São Paulo. Quando, em 1984, chegou a secretário de redação do jornal, ele incorporou ao Projeto Folha todo um instrumental metodológico-científico de investigação, planificação e controle, fato inédito na imprensa brasileira.[7]

Lins da Silva dá o seguinte testemunho:[8]

> A *Folha* havia sido um jornal engajado, comprometido, parcial e desordenado. Fazer da *Folha* um jornal apartidário, metódico e de leitura clara exigiu embates internos muito fortes. Cheguei a ser estigmatizado como o teórico que impunha rotinas burocráticas à redação. Em alguns momentos, esses embates não se puderam resolver pela argumentação; foi necessário recorrer à lei do mais forte. A linha de independência chegou a custar-me o afastamento de amigos. E a sociedade civil não compreendia nossa atitude. Mas seguimos adiante. Conseguimos formar uma equipe solidária com a idéia do projeto. Com o tempo, todos se deram conta de que a independência tornava mais crítico e contundente o jornalismo da *Folha*. E quem melhor se deu conta disso foi o público: crescemos 50% em circulação. Em conseqüência, cresceram a publicidade, o prestígio e o poder de influência do jornal. O Projeto Folha, não tenho dúvidas, ajudou a fazer e a melhorar a democracia brasileira.

A segunda versão do *Manual* – elaborada sob a coordenação de Lins da Silva e lançada em 1987 – recheou o texto de conceitos e rotinas de produção, definindo e impondo um padrão de "jornalismo crítico, apartidário e pluralista". Mas, porque as resistências ao projeto ainda eram fortes, conservava quase por inteiro a vertente disciplinadora e a rigidez hierárquica.

Exemplo, no verbete "computador": "A Direção de Redação" (com iniciais maiúsculas), "os editores e editores-assistentes utilizam os chamados terminais de primeiro nível" – um *status* de poder efetivo.

Outro exemplo, no verbete "editor": "É responsável por uma determinada editoria do jornal. Responde diretamente à Direção de Redação. Deve: [...]" – segue-se um rol de deveres e capacidades, entre os quais "recusar, modificar, refazer, mandar refazer, fundir e condensar o material jornalístico produzido, sempre que for o caso".

Veja-se, agora, o verbete "Diretor de Redação": "É a autoridade máxima na Redação da *Folha*. Responde diretamente à Direção da empresa que edita o jornal".

Normatizou-se, assim, uma lógica essencial da mecânica do poder: o poder é a delegação ou a conquista da capacidade de fazer; logo, "b" fará "x" se "a" ou outra instância superior nada fizer para o impedir.[9] E há sempre uma instância superior, desconhecida além de certo patamar.

NOVO MANUAL

Cinco anos depois, com o projeto consolidado, o *Novo manual da redação* (1992) amenizou o tom autoritário das versões anteriores. A revelação das relações de poder entre as diversas instâncias de controle e produção foi abolida do documento público, oferecido ao mercado como produto de imagem institucional. A nova redação do *Manual* é suavizada por tons filosóficos e culturais, e por conceitos e conselhos jornalísticos mais detalhados – alguns modernos e lúcidos, bem fundamentados; outros bastante discutíveis, como o que trata dos elementos que definem a importância de uma notícia (ineditismo, improbabilidade, interesse, apelo, empatia); e alguns inúteis ou primários, como recomendar ao jornalista que faça anotações mesmo quando usa gravador.

Mas o *Manual* continua a ser um regulamento organizador da prática do poder de informar e influenciar a opinião pública, estabelecendo, como mecanismo regulador, um sistema particular de produção. A escala hierárquica e a norma burocrática do *poder fazer* continuam lá, vivas, em cada verbete do *Manual*, determinando e controlando comportamentos, valores, idéias, para submeter pessoas e vontades aos objetivos da organização. Alguns trechos, para exemplificar:

> ADVERTÊNCIA – A *Folha* tem um código progressivo de advertências para aplicar ao profissional que cometa erro grave no exercício de sua função. A primeira delas é a verbal e pode ser aplicada pelo editor sem consulta prévia a seus superiores. Nos casos de erros mais graves ou reincidência, o editor deve propor advertências escritas (sem ou com o registro pelo Departamento de Pessoal) e, em situações excepcionais, suspensões sempre com prévia consulta à Direção de Redação.
>
> AVALIAÇÃO PROFISSIONAL – O jornalista da *Folha* que não ocupe cargo de confiança é avaliado formalmente a cada mês pelo conjunto de seus superiores. Os critérios são os seguintes: domínio da linguagem, empenho, confiabilidade técnica, exatidão, rapidez, senso crítico, disciplina, formação cultural, concisão, iniciativa, criatividade e identificação com o projeto editorial. [...] Com base no histórico da avaliação são feitas promoções salariais ou de função.
>
> CUMPRIMENTO – A *Folha* cumprimenta os profissionais que se destacam no exercício de suas tarefas. Os cumprimentos, provenientes da Direção de Redação ou de superiores imediatos, são comunicados pelos editores ao profissional. Os cumprimentos devem ser levados em conta no momento de fazer a avaliação do jornalista.

Este novo *Manual* representa, entretanto, um avanço sob o ponto de vista conceitual.

Está organizado em quatro capítulos: 1) "Projeto Folha", com os princípios editoriais do jornal, a conduta esperada dos profissionais da *Folha* e reflexões sobre temas jornalísticos; 2) "Produção", com recomendações sobre a coleta de fatos em uma reportagem: precisão, checagem de informações e tratamento de personagens; 3) "Texto", com normas gramaticais, advertências sobre erros freqüentes, observações de estilo e padronização de linguagem; 4) "Edição", com recomendações sobre hierarquização e apresentação do material jornalístico.

Existe, também, um vasto e bem organizado conjunto de Anexos, com informações úteis ao dia-a-dia jornalístico.

Embora ainda em tom impositivo, autoritário (esse parece ser o traço mais profundo, irremovível, da cultura que o Projeto Folha implantou), o *Manual* define certo modelo de jornal e um padrão conveniente de jornalismo. Ao contrário dos manuais anteriores – nos quais até as técnicas de redação eram tratadas como deveres disciplinares –, a versão de 1992 estimula o jornalista a pensar no leitor e a se voltar para o mundo externo, em vez de se preocupar apenas com o chefe imediato e os erros de cada dia.

Dois exemplos (transcrição de verbetes):

JORNALISMO CRÍTICO – Princípio editorial da *Folha*. O jornal não existe para adoçar a realidade, mas para mostrá-la de um ponto de vista crítico. Mesmo sem opinar, é sempre possível noticiar de forma crítica. Compare fatos, estabeleça analogias, identifique atitudes contraditórias e veicule diferentes versões sobre o mesmo acontecimento.

EMPATIA – Processo pelo qual uma pessoa se coloca no lugar de outra e se identifica com seus sentimentos, desejos, idéias e ações. Nem sempre é voluntário. Pode constituir empatia a relação entre telespectador e personagem de telenovela ou a de fã com cantora. O jornalismo deve explorar a relação de empatia entre o leitor e o personagem da notícia: a reportagem sobre um acidente aéreo deve dar ênfase a todos os detalhes que permitam ao leitor colocar-se no lugar de uma das vítimas.

Mesmo que os jornalistas da casa não levem a sério essas coisas, o novo *Manual* serve pelo menos como referência ao leitor que o adquire, porque se constitui roteiro eficiente para comparações entre o discurso e a prática.

O CONTROLE PELA GRAMÁTICA

O *Manual de redação e estilo,* organizado e editado pelo jornalista Eduardo Martins, é, principalmente, um livro que ensina a evitar erros, tendo como base a tradição e os hábitos lingüísticos do próprio *O Estado de S. Paulo.* Sob esse ponto de vista, é um livro útil.

No percurso histórico do *Estado,* a virtude de ser "um jornal sem erros" se perdeu no tempo, com os tropeços do desenvolvimento tecnológico, que afastou da produção gráfica os tarimbados linotipistas, acumuladores de saber, e dispensou os respeitabilíssimos e cultos revisores, anjos da guarda de bons repórteres e maus redatores. Hoje, uma das humilhações que mais magoam os tradicionais leitores do jornal é a de verem, nas páginas antigamente imaculadas quanto à gramática, as freqüentes travessuras praticadas com o sagrado verbo *haver* – que, aliás, merece no manual didático tratamento.

O livro não oferece conceitos organizados de jornalismo ou jornal. Claro que, catando verbetes aqui e ali, alguns conjuntos podem ser ordenados de forma a constituírem núcleos lógicos de idéias em torno de técnicas e valores jornalísticos. Mas terá de ser um trabalho do leitor do livro; o autor não quis, não pôde ou não soube fazer isso.

Por exemplo: o segundo capítulo, 224 páginas dedicadas às "Normas internas e de estilo" ("o corpo do manual", segundo Eduardo Martins), um saco de gatos organizado apenas pela lógica da ordem alfabética. Sem qualquer critério criativo, fez-se uma salada de milhares de verbetes. Há detalhismos inúteis de edição, como *Assinatura de fotos* (da qual, diz o *Manual*, "deve constar o nome do fotógrafo sem a palavra *foto* e o nome da cidade de origem"), misturados a coisas como exemplos de regência e concordância, ortografia correta e normas de uso para uma infinidade de palavras e expressões, conjugação completa do verbo ter e o nome dos territórios que compõem a Grã-Bretanha.

O universo discursivo do *Manual de redação e estilo* limita-se quase só à valorização do uso correto da língua. Faz disso o valor vital do jornal. E o diz claramente, na apresentação:

> É virtualmente impossível evitar que algum tipo de erro se infiltre nos milhares de linhas que compõem cada edição. Tentar reduzir o volume de equívocos, porém, e impedir que se tornem endêmicos são deveres dos profissionais conscientes – especialmente quando o destino lhes legou bandeiras centenárias que já foram conduzidas por jornalistas de enorme talento. É como parte desse esforço, exigido também pela força da tradição, que a direção do *Estado* decidiu publicar o seu *Manual de redação e estilo*, e confiou a tarefa a alguém com o perfil adequado para executá-la.

Em outro trecho da mesma apresentação, diz-se que o *Estado* recusa a tese de que o empobrecimento da língua é uma imposição da vida contemporânea e rejeita a falácia que considera prerrogativa de pedantes o uso de repertórios vocabulares menos miseráveis. "Não poderia ser outra a posição de um jornal que sempre conduziu, entre tantas outras bandeiras, a da preservação a qualquer preço da cultura nacional. E que, entre tantos feitos, se confunde com as origens da Universidade de São Paulo."

Ao contrário do *Manual* da *Folha* – inserto num projeto que tenta produzir novas cadeias culturais e gerenciais sem olhar para a história do jornal –, o *Manual* do *Estado* tem o passado como referência. Procura resgatar cadeias culturais que deram ao velho *Estadão* uma tradição de respeitabilidade, para que o bem escrever volte a ser norma fundamental – o que não deixa de ser proposta apreciável.

2 MUITOS PROPÓSITOS, POUCOS PRINCÍPIOS

As TRAPALHADAS jornalísticas de repórteres apressados ou despreparados, no caso do tubarão de Cananéia; a irresponsabilidade do redator da *Veja* que (ainda no caso do tubarão), por não ter procurado fontes qualificadas, impingiu aos seus para lá de um milhão de leitores, com o aval do rótulo "ciência", informações falsas, imprecisas, incompletas; os interesses ocultos de misteriosas instâncias de poder econômico ou político que influenciam a desinformação do leitor, como no episódio das duas versões para a crise entre o presidente Itamar Franco e os seus ministros Paulo Haddad e Gustavo Krause; o descuido de edição, desrespeitoso para com o leitor, que possibilitou a publicação, na mesma página, como notícias autônomas, das duas versões contraditórias daquela crise; o poder de arbítrio e a frouxidão ética de editores que (como aconteceu nas notícias do autódromo de Interlagos) destroem ou distorcem o trabalho dos repórteres, deturpando o sentido dos textos com títulos tendenciosos elaborados não em função dos conteúdos produzidos, mas por causa de interesses ideológicos ou pontos de vista próprios; a simulação jornalística da propaganda ou da argumentação partidária, por parte de repórteres e editores, chegando ao abuso da mentira proposital ou tolerada (conforme ocorreu na cobertura da *Folha* ao primeiro *réveillon* de rua de São Paulo) – eis aí um rol de práticas de um jornalismo que nada tem a ver com os discursos dos manuais.

O repórter do *Estado* que aumentou em mais de um metro e meio o tamanho do tubarão esqueceu da instrução geral nº 34 do manual do seu jornal, que diz: "A correção do noticiário responde, ao longo do tempo, pela *credibilidade* do jornal. Dessa forma, não dê notícias apressadas ou não confirmadas nem inclua no texto informações sobre as quais você tenha dúvidas".[10]

O repórter da *Folha* que encolheu em trinta centímetros o tubarão, lhe roubou meia tonelada no peso e o engravidou transgrediu várias das recomendações mais severas do severo manual do Projeto Folha. No verbete "Ética", atribui-se ao jornalista a "responsabilidade moral pelas informações que coleta e transmite, as quais devem ser exatas e confirmadas"; o verbete "Notícia" estabelece, como princípio, que "a exatidão é o elemento-chave da notícia"; na introdução ao capítulo 2, que trata dos procedimentos para a coleta de fatos e define notícia como "o fato comprovado, relevante e novo", o manual lembra aos repórteres da *Folha:* "quem busca profissionalmente a notícia deve valer-se de uma série de procedimentos que tornam sua apuração mais confiável e seu relato mais exato".

O redator da *Veja* que, em vez de investigar responsavelmente um fato de significação científica, preferiu *cozinhar* dados errados publicados pelos jornais, traiu (e não se arrependeu, pois a revista nada corrigiu nas edições seguintes) uma das recomendações imperativas do *Manual de estilo* da Editora Abril: "Combata sem tréguas o exagero e a desinformação".[11] Na *Veja*, mais de uma semana depois do evento, quando os jornais já se tinham corrigido, o tubarão continuava a ter sete metros...

Poder-se-ia acreditar que as distorções no relato do *réveillon*, praticadas ou consentidas pelo editor de Cotidiano da *Folha*, foram obra do acaso ou acidente excepcional, provocado por algum repórter trapaceiro? Pode até ser. Ainda assim, de acordo com o manual, o jornal não cumpriu suas obrigações com o leitor.

E o que dizer da manipulação de títulos nas matérias do autódromo de Interlagos, feita – no *Estado* e na *Folha* – para adulterar a significação das informações do texto, a serviço de interesses ideológicos ou partidários não revelados? Evidentemente, foi trabalho de editores, ou de prepostos, traindo o compromisso profissional e a responsabilidade hierárquica de cumprirem os respectivos manuais. Aconteceu que, ao ludibriarem os leitores, os autores da manipulação transgrediram, inclusive, as normas técnicas dos respectivos manuais.

O *Manual* do *Estado* estabelece que o título deverá obrigatoriamente ser extraído do *lead;* se isso não for possível, "refaça o *lead,* porque ele não está incluindo as informações mais importantes da matéria".[12] Esse é um padrão clássico de feitura de títulos.

No *Manual* da *Folha,* o verbete "Título" está no capítulo que trata das ações de edição e trabalha com definições mais abertas. Para a *Folha,* o título "ou é tudo que o leitor vai ler sobre o assunto ou é o fator que vai motivá-lo ou não a enfrentar o texto". Por isso, o manual exige que o título seja "uma síntese precisa da informação mais importante do texto", devendo sempre "procurar o aspecto mais específico do assunto, não o mais geral". Ora, o editor da *Folha* que deu acabamento à matéria do autódromo pinçou um detalhe perdido no meio do texto, sem importância sequer para integrar o *lead,* e produziu um título positivo para a administração municipal, sabe-se lá por quê. Na hora de decidir, o editor mandou o manual às favas.

Para que servem, então, os manuais?

No plano externo, cumprem o objetivo de elaborar imagem institucional que estimule e mantenha demandas: circulam no mercado como produtos editoriais, tornando-se *best-sellers.* Internamente, a julgar pelos exemplos recortados, os manuais não conseguem sobrepor-se aos interesses particulares dos diversos intervenientes – talvez porque, como sentenciou Kant, o interesse não pode ser imposto; é uma categoria da liberdade, do amor-próprio, um ato livre da vontade.[13]

É verdade que, enquanto discurso, cada manual de redação forma um conjunto lógico de enunciados normativos, estabelecendo "verdades" constitutivas de um saber (fazer jornal) oficial e inquestionável, emitido pela organização para um universo fechado, especializado e dependente. Objetivo: impor uma linguagem-padrão, e normas de ação, tendo em vista a obtenção, em escala econômica, de um produto cultural com determinados atributos de conteúdo e forma.

Na realidade, existem dois discursos: o discurso da fisionomia institucional, configurado nos manuais e na metalinguagem de cada veículo; e o discurso–produto que resulta da prática, desenvolvida no contexto complexo das relações sociais, culturais, políticas e econômicas, de múltiplos intervenientes e conflitantes interesses, e do qual o próprio jornalista faz parte – tanto o repórter, que investiga e escreve a notícia, quanto o editor, que, direta ou indiretamente, pauta, reescreve e decide o *quê*, o *porquê* e o *como* do que vai ser publicado. E, pelo que vimos, os manuais pouco servem para acrescentar qualidade aos conteúdos.

Saber por que isso acontece exigiria uma pesquisa específica, e valeria a pena fazê-la. Mas não constitui grande risco pressupor que o jornalismo brasileiro atravessa uma grave crise moral, que se reflete nas ações jornalísticas. E os manuais, além de inoperantes como remédio, contribuem para esse desequilíbrio, ao tratarem a ética como simples adereço, coisa secundária.

A exceção é oferecida pelo *Manual de redação e estilo*, do *Globo* (Rio de Janeiro), organizado e editado por Luiz Garcia, que dedica um capítulo de 12 páginas à Ética.[14] Mesmo assim, é a sexta prioridade. Mais importantes que Ética são as questões de estilo (29 páginas); as dicas de padrões e convenções, como o uso de maiúsculas e minúsculas, nomes, numerais, siglas etc. (11 páginas); e questões gramaticais (24 páginas) – tudo isso antecedido pelo primeiro capítulo, que trata dos cuidados que o repórter deve tomar antes de começar a escrever, incluindo-se, nisso, a questão da aparência e do comportamento em público.

Se considerarmos, porém, que a ambição do *Manual* do *Globo* é a de contribuir para um jornalismo dinâmico, de leitura fácil e agradável (assim está escrito na apresentação), até que é um bom manual. E há, no capítulo de Ética, uma frase que deveria circular em todas as redações: "Ética não é mordaça. O que ela pede não é menos notícia, mas melhor notícia: a informação correta, completa, digna".[15]

O *Manual* do *Estado* reserva, no capítulo das Instruções específicas, um verbete para a "Ética interna" – e talvez aí esteja o indício do problema maior: a criação de éticas particulares sinaliza a falta de uma ética geral, que devia estar na lei como resultado da cultura, estabelecendo, com rigor científico, em função de valores fundamentais enraizados no conhecimento, os princípios do modo de ser de uma comunidade ou de um povo.[16]

O *Manual* do *Estado* confunde Ética com Moral. Ética é "o equivalente a *caráter*", enquanto Moral se refere aos costumes, "no sentido de conjunto de normas ou regras adquiridas por hábito".[17] E do que o manual trata, sob o rótulo de Ética, é de costumes que o jornal exige ou deseja ver praticados, não por causa de algum princípio ético, devidamente sustentado, mas por motivos de conveniência: o jornal "tem leitores de todas as tendências, raças, credos e religiões", e convém, por isso, que o jornalista "procure sempre ser isento no noticiário, especialmente naquele que envolva questões delicadas, e evite utilizar frases, alusões ou conceitos que possam melindrar as pessoas".[18] Alguns exemplos de questões delicadas: referências a outros jornais e revistas; uso de palavrões; tratamento de *negro, mulato* (considerados termos aceitáveis) e *homossexual*, "termo que só deve aparecer no noticiário se tiver relação com o fato descrito"; raças e nacionalidades. E uma recomendação também de moral interna: técnico de futebol demitido não deve ser chamado de *desempregado*, pelo sentido depreciativo do termo...

A *Folha*, no seu manual, trata Ética como questão de princípios. No pequeno verbete dedicado ao tema, diz o seguinte: "O jornalista deve assumir compromissos apenas com a isenção na cobertura dos fatos, a liberdade de expressão, o direito de informar e o acesso do leitor a toda a informação ou opinião importante". Mas essa Ética geral tem ressalvas particulares. No verbete sobre Censura, o manual estabelece que "lutar contra a censura, em qualquer forma que assuma, é obrigação de todo o jornalista da *Folha*". Mas... "não se considera censura a tarefa de editar", que, como já se disse (ver capítulo anterior), capacita o editor a "recusar, modificar, refazer, mandar refazer, fundir e condensar o material jornalístico produzido, sempre que for o caso".

PRAGMÁTICA DO JORNALISMO

Essa capacidade de censura – sem limites estabelecidos – atribuída pelo manual aos editores da *Folha* guarda uma coerência melancólica com a pobreza ética da nossa cultura jornalística: faltam-nos, a iluminar a discussão sobre moral jornalística, princípios éticos nítidos, fortes, incontestáveis, enraizados no caráter e nas convicções nacionais, saídos ou determinantes de uma prática de costumes; então, deve-se criar, com o rótulo de Ética, normas morais particulares para controlar jornalistas.

A ausência de uma ética de comunicação pública, que tanto afeta o jornalismo brasileiro, projeta-se naturalmente nos conceitos introdutórios dos manuais. E, para salientar o caráter meramente utilitário dos nossos manuais, propomos uma comparação com o manual do *El País*, de Madri, que começa com o estabelecimento dos seguintes princípios:

1 *El País* se define estatutariamente como um jornal independente, nacional, de informação geral, com uma clara vocação de europeu, defensor da democracia pluralista segundo os princípios liberais e sociais, que se compromete a guardar a ordem democrática e legal estabelecida pela Constituição. Nesse ideário, acolhe todas as tendências, exceto as que propugnam a violência para o cumprimento de seus fins.

2 *El País* se esforça por apresentar uma informação veraz, o mais completa possível, interessante, atual e de alta qualidade, de maneira que ajude o leitor a entender a realidade e a formar seu próprio juízo.

3 *El País* rechaçará qualquer pressão de pessoas, partidos políticos, grupos econômicos, religiosos ou ideológicos que tentem colocar a informação a serviço de seus interesses. Esta independência e a não-manipulação das notícias são uma garantia para os direitos dos leitores, cuja salvaguarda constitui a razão última do trabalho profissional. A informação e a opinião estarão claramente diferenciadas entre si.

A relação do jornal madrilenho com os jornalistas que nele trabalham é regulada por um "Estatuto da Redação" que assegura aos profissionais o direito de exigir o cumprimento desses princípios por parte do jornal, ou de invocar *a cláusula de consciência* se, por mudanças na linha ideológica de *El País,* se sentirem afetados em sua liberdade, honra e independência.

Essas disposições fazem do jornalista o guardião ético do seu jornal.

Veja-se, agora, a triste comparação que os manuais dos três principais jornais brasileiros proporcionam. O *Manual* do *Estado* começa assim:

1 Seja *claro, preciso, direto, objetivo e conciso.* Use frases curtas e evite intercalações excessivas ou ordens inversas desnecessárias. Não é justo exigir que o leitor faça complicados exercícios mentais para compreender a matéria.

2 Construa períodos com no máximo duas ou três linhas. Os parágrafos, para facilitar a leitura, deverão ter cinco linhas datilografadas, em média, e no máximo oito. A cada 20 linhas, convém abrir um intertítulo.

3 A *simplicidade* é condição essencial do texto jornalístico. Lembre-se de que você escreve para *todos os tipos* de leitor e *todos*, sem exceção, têm o direito de entender qualquer texto, seja ele político, econômico, internacional ou urbanístico.

O primeiro capítulo do *Manual* do *Globo* é dedicado ao *lead*:

O bom *lead* não nasce no terminal do computador: o repórter o traz da rua. Em outras palavras, qualidade de texto e qualidade de apuração andam juntas. A matéria bem apurada dá a impressão de se escrever quase sozinha; já muitos defeitos do texto ruim resultam de esforços frustrados para tapar os buracos de uma apuração deficiente.

Este capítulo trata do trabalho do repórter antes de começar a escrever, enquanto há tempo para buscar aquilo que marcará a diferença entre o texto vivo e preciso do jornalista e o relatório insosso do burocrata desatento: o dado essencial, a explicação indispensável, o detalhe revelador.

PRAGMÁTICA DO JORNALISMO

O *Manual* da *Folha,* embora em tom solene, logo na introdução reduz o jornal a um produto e os ideais jornalísticos a meras estratégias de marketing:

A *Folha* é um jornal feito em São Paulo com irradiação nacional, que se propõe a realizar um jornalismo crítico, apartidário e pluralista.

Do ponto de vista político, sustenta a democracia representativa, a economia de mercado, os direitos do homem e o debate dos problemas sociais colocados pelo subdesenvolvimento.

Como empresa, o jornal se enraíza nas forças de mercado e adota uma atitude de independência face a grupos de poder. Procura melhorar a qualidade dos serviços que oferece, pautando-se por uma política de competição comercial, modernização tecnológica e valorização da competência profissional.

A *Folha* considera notícias e idéias como mercadorias a serem tratadas com rigor técnico. Acredita que a democracia se baseia no atendimento livre, diversificado e eficiente da demanda coletiva por informações.

O jornal busca uma relação de transparência com a opinião pública. Estimula o diálogo, a difusão de novas tendências e o desenvolvimento do próprio jornalismo.

O *Manual* da Editora Abril, embora com abordagem mais próxima do interesse público, também não vai além da ambição utilitária:

1   As publicações da Editora Abril são voltadas para os interesses de seus leitores. Elas devem lhes oferecer textos bem escritos, atraentes e legíveis. Para isso, tudo o que for impresso – da reportagem de capa à menor nota de serviço – precisará apresentar quatro qualidades básicas: clareza, precisão, bom gosto e simplicidade.

2   Como empresa, a Abril está empenhada em contribuir para a difusão da informação, cultura e entretenimento, para o progresso da educação, a melhoria da qualidade de vida, o desenvolvimento da livre iniciativa e o fortalecimento das instituições democráticas do país. Essa filosofia reflete-se no conteúdo de suas publicações, que não

veiculam referências que possam ter conotações de preconceito racial, social ou religioso, nem de desrespeito aos direitos humanos universalmente aceitos.

3 Dentro de tais princípios, o objetivo deste Manual de Estilo é facilitar o trabalho rotineiro dos jornalistas da Abril e seus colaboradores a partir de alguns critérios inspirados na única regra para a qual não se abrem exceções: a suprema regra do bom senso.

Deve ter algum significado o fato de nenhum dos manuais brasileiros incluir, nos seus textos introdutórios, qualquer termo ou idéia referente ao dever da busca da verdade. E isso combina com o fato de que, na prática, só o interesse do leitor não tem poder de interferência, nem nas intenções nem nos conteúdos, embora isso lhe seja simulado com a manipulação artificiosa das técnicas jornalísticas de produção e apresentação de mensagens.

3 PATOLOGIA COMPLEXA

As AÇÕES jornalísticas anteriormente descritas, recortadas da prática diária na *Folha de S.Paulo* e n'*O Estado de S. Paulo*, dão razão às preocupações de Carlos Eduardo Lins da Silva, no que se refere ao pouco caso que a imprensa brasileira faz da ética.[19] Pesquisando as influências que o jornalismo americano enxertou no jornalismo brasileiro, Lins da Silva faz comparações que resultam num diagnóstico de grave precariedade: "Além das deficiências estruturais e da pobreza das instituições, outros motivos ajudam a explicar a relativa ausência de discussões sobre ética na imprensa brasileira".

Ele atribui esse desprezo pela ética, em parte, a uma arrogância histórica, exacerbada durante a ditadura militar (1964-1984):

> A maioria dos jornalistas se colocou em posição de rechaçar observações críticas sobre o seu desempenho, sob a alegação de que tal tipo de comentários facilitaria a tarefa dos censores e da repressão. Durante quase 20 anos, crítica a jornalistas foi tacitamente considerada um ato a se evitar, em nome da liberdade.[20]

Os militares se foram, mas a arrogância ficou, segundo Lins da Silva:

> O retorno dos civis ao poder encontrou uma geração jornalística arrogante. Um fortíssimo *esprit-de-corps* age com grande eficiência para evitar críticas ao comportamento jornalístico. Panelinhas e grupos de amigos trabalham para que elogios sejam sistematicamente feitos a seus integrantes.[21]

Dessa mesma arrogância fala Caio Túlio Costa, depois de dois anos de atuação como *ombudsman* na *Folha de S.Paulo.* "A vaidade da *Folha* se evidencia de diversas formas. Uma delas se dá pela recusa em reconhecer determinados erros" – e Caio fala de alguns graves equívocos, jamais retificados. O jornal "nem pediu desculpas aos leitores pela desinformação operada em várias edições".[22]

Lins da Silva identifica no jornalismo brasileiro uma qualidade de *design* visual que deixa impressionados os jornalistas americanos. Mas quanto ao texto – à qualidade da informação, portanto – a adjetivação é dramática: "impreciso, incorreto, incoerente, desarticulado, sem substância, parcial, na maior parte das vezes, em qualquer jornal que se leia com atenção".[23] A radiografia captada em nossas pesquisas confirma a adjetivação de Lins da Silva. Mas vai além, localizando uma patologia generalizada de princípios. Os próprios jornais, que deviam exigir dos seus profissionais comportamentos morais rigorosos, no que diz respeito à veracidade dos relatos jornalísticos, dão freqüentemente demonstrações de que os discursos éticos dos editoriais, sempre exaltadores dos compromissos com a verdade, não passam de retórica hipócrita.

Na cobertura que fizeram da visita de Mikhail Gorbatchov ao Brasil (chegou dia 6 de dezembro de 1992, foi embora dia 10), *Estado* e *Folha* passaram aos seus leitores a versão de uma viagem de sucesso, quando aconteceu exatamente o inverso: a passagem do Gorbatchov pelo Brasil foi um fracasso.

Por que a *Folha* escondeu o fracasso? Talvez porque apoiava oficialmente a viagem do ex-líder soviético. No manual, porém, a norma moral anunciada como dogma da casa é a de que "o jornal não existe para adoçar a realidade, mas mostrá-la de um ponto de vista crítico"; na prática, quando isso convém à empresa, o discurso do jornalismo crítico vira apenas peça de propaganda. Com o *Estado* (onde Gorbatchov publica artigos semanais como colaborador) aconteceu a mesma coisa: os aspectos negativos da viagem foram escondidos.

Os leitores dos dois jornais deixaram de saber, por exemplo, que os pouco mais de 100 empresários que se dispuseram a pagar 600 dólares para ouvir Gorbatchov num hotel de luxo em São Paulo significavam um quinto do público esperado. E que na palestra do Rio o fracasso foi ainda maior, pois apenas 26 empresários se decidiram a pagar a salgada taxa de inscrição. Aliás, a informação de que a viagem tinha por objetivo a arrecadação de dinheiro para uma entidade ambientalista internacional criada por Gorbatchov também foi omitida dos leitores.

Do Brasil, Gorbatchov seguiu para o México. E lá, só num jantar com empresários, a receita chegou a 500 mil dólares, cinco vezes mais do que o saldo de toda a visita ao Brasil. Mas também essa informação não chegou aos leitores do *Estado* e da *Folha*.

Pergunta-se: e não será que a campanha antiCollor, motivo de vaidades e orgulhos na imprensa brasileira, redime os jornalistas de todas as fragilidades éticas, técnicas e estéticas?

Em artigo na revista *Imprensa*, Alberto Dines diz que não. "Foi uma vitória do jornalismo investigativo ou do jornalismo de cruzada? Ganhou a infantaria ou a artilharia reluzente dos *gatekeepers* (editores, colunistas e demais freqüentadores do chá-das-cinco nas páginas de opinião)?"[24]

Dines lembra que:

> [...] não foram os repórteres, muito menos os panfletários que iniciaram o bombardeio. Foi a denúncia de outro aloprado, não muito diferente do denunciado, publicada sem a menor averiguação, porque não havia tempo: se não fosse naquela semana, o material seria oferecido ao concorrente. [...] A bem da verdade, diga-se que Pedro Collor lembrou-se de *Veja* porque esta vinha levantando os problemas de PC Farias com o Imposto de Renda. Mas ligar diretamente o presidente da República com as trapaças de seu tesoureiro, sem a devida comprovação, não é o que se recomenda nos populares manuais de redação.

Mais adiante, Dines pergunta: "E se Pedro Collor fosse um mentiroso, como é que *Veja* corrigiria o estrago na imagem do presidente da República?"

Felizmente para *Veja*, para o Brasil e para o jornalismo, três semanas depois a *IstoÉ* (edição nº 1187, de 1º de julho de 1992) encontrou o motorista Francisco Eriberto Freire França, que tinha as provas e a coragem cívica que conectaram definitivamente o presidente da República aos esquemas de corrupção articulados por Paulo César Farias.

Para que fique registrado, como homenagem e testemunho de respeito a esse momento de bom jornalismo, eis os nomes dos repórteres que trabalharam nessa matéria: na investigação e no texto, Augusto Fonseca e J. Santana Filho; nas fotos, Mino Pedrosa.

Mas nem o mérito da *IstoÉ* consegue esconder: a cruzada anti-Collor foi levada adiante com as mesmas técnicas de campanha – usadas pela mesma imprensa, com os mesmos procedimentos apressados, com a mesma ausência de rigor na verificação jornalística, e igualmente numa viagem de emoção coletiva – que algum tempo antes ajudaram a eleger o mesmo presidente depois "caçado" e deposto.

Ora, *campanha* não é um gênero jornalístico, embora Gargurevich ache que sim. O próprio Gargurevich, porém, ao definir o gênero, nega-lhe natureza jornalística: "Não se trata de uma forma de escrever, de verbalizar uma notícia. É mais um sistema de expor informação que deve mobilizar, impactar aos leitores e convocar assim a opinião pública sobre o fato exposto, com destino ao sucesso de um objetivo prefixado".[25]

Campanha está, portanto, no universo da propaganda, das relações públicas e da publicidade, campos da informação caracterizados por uma pragmática de interesses e objetivos, não de princípios. E a ambigüidade conceitual reflete e provoca uma ambigüidade doentia no caráter da própria atividade jornalística.

OS SINTOMAS

O escamoteio ou a distorção de informações; as pautas motivadas por interesses particulares não revelados; a irresponsabilidade com que se difundem falsas informações ao público; a acomodação dos repórteres a um jornalismo de relatos superficiais; os textos confusos e imprecisos; a facilidade com que a imprensa acolhe, sem apurar, denúncias que favorecem ou prejudicam alguém; a freqüente prevalência dos objetivos do marketing sobre as razões jornalísticas; o desprezo pelo direito de resposta; a arrogância com que se protege o erro e se faz a apropriação antisocial do direito à informação (direito do leitor) – são claros sintomas de um desequilíbrio de identidade do jornalismo, como função social.

O jornalismo brasileiro não sabe muito bem *por que* faz o *que* faz – mas sabe, e parece que muito bem, para que faz. Entretanto, as definições mais tradicionais e respeitáveis de jornalismo indicam que o diagnóstico ideal devia ser exatamente o contrário.

Não é necessário percorrer muitos autores. Marques de Melo já o fez criticamente[26] e chegou à seguinte definição-síntese, apoiando-se principalmente em Otto Groth, cujas diretrizes, na avaliação de Melo, "continuam atualíssimas". Tendo como estrutura central de apoio os quatro parâmetros da "totalidade jornalística" teorizados por Groth (periodicidade, universalidade, atualidade e difusão), Melo concebeu a síntese segundo a qual jornalismo *é um processo social que se articula a partir da relação (periódica/oportuna) entre organizações formais (editoras/emissoras) e coletividades (públicos receptores), através de canais de difusão (jornal/revista/rádio/televisão/cinema) que asseguram a transmissão de informações (atuais) em função de interesses e expectativas (universos culturais).*[27]

Falta explicitar melhor, nessa definição, a variável qualitativa que Roger Clausse tanto valoriza: o jornalismo destina-se ao relato verdadeiro e à explicação dos fatos de relevância social.

Consideramos, porém, que as definições disponíveis são insuficientes para descrever a ação jornalística inserta nos contextos sociais. O percurso de observação das práticas, organizado em função das angústias iniciais deste projeto, conduziu-nos à perplexidade, ante os sinais (atrás aludidos) de desequilíbrio de identidade do jornalismo enquanto processo social.

Há uma patologia de princípios. Para compreendê-la melhor, falta e exige-se um ferramenta de análise que forneça uma nova base teórica, a partir da qual se torne possível descrever a ação jornalística na complexidade da mediação social que lhe é própria, bem como as implicações éticas que daí derivam, no plano da consciência e em termos de responsabilidade individual.

Afinal, esse é o tema substantivo. E dele trataremos no capítulo seguinte.

REFERÊNCIAS

1. ETZIONI, Amitai, *Organizações modernas* (6ª ed.), Pioneira, São Paulo, 1980, pp. 7-8.
2. *Apud id., ibidem*, pp. 84-86.
3. ABRAMO, Cláudio, *A regra do jogo*, São Paulo, Companhia das Letras, 1988, p. 88.
4. A história do Projeto Folha foi investigada pelo autor, por meio de entrevistas com jornalistas que fizeram parte dela em algum momento, em especial Boris Casoy e Carlos Eduardo Lins da Silva.
5. ABRAMO, Cláudio, *op. cit.*, p. 90.
6. Entrevista concedida ao autor.
7. A experiência de Carlos Eduardo Lins da Silva na implantação do Projeto Folha resultou em brilhante tese de livre-docência, e depois em livro (*Mil dias – Os bastidores da revolução de um grande jornal*, São Paulo, Trajetória Cultural, 1988), estudo incorporado à bibliografia de jornalismo como indispensável referência.
8. Entrevista concedida ao autor.
9. Ver SEMAMA, Paolo, *Linguagem e poder* – Coleção Pensamento Político, nº 42, Brasília, Editora Universidade de Brasília, 1981, p. 22.
10. *Manual de redação e estilo, op. cit.*, p. 19.
11. *Manual de estilo Editora Abril*, Rio de Janeiro, Nova Fronteira, 1990, p. 35.
12. *Manual de redação e estilo, op.cit.*, p. 75.
13. Ver ROHDEN, Valério, *Interesse da razão e liberdade* (Ensaios 71), São Paulo, Ática, 1981, p. 66.
14. GARCIA, Luiz (org./edit.), *O Globo – Manual de redação e estilo*, São Paulo, Globo, pp. 83-94.
15. *Id., ibidem*, p. 83.
16. Ver VÁSQUEZ, Adolfo Sánchez, *Ética* (12ª ed.), Rio de Janeiro, Civilização Brasileira, 1990.

PRAGMÁTICA DO JORNALISMO

17. *Id., ibidem*, p. 14.

18. *Manual de redação e estilo, op. cit.*, p. 34.

19. Ver LINS DA SILVA, Carlos Eduardo, *O adiantado da hora – Influência americana sobre o jornalismo brasileiro*, São Paulo, Summus, 1991.

20. *Id., ibidem*, p. 123.

21. *Id., ibidem*, p. 124.

22. COSTA, Caio Túlio, *O relógio de Pascal*, São Paulo, Siciliano, 1991, p. 165.

23. LINS DA SILVA, *op. cit.*, p. 117.

24. Ver a revista *Imprensa*, ano VI, mês 11, nº 63, São Paulo, pp. 48-51.

25. GARGUREVICH, Juan, *Nuevo manual de periodismo*, Lima, Causachum, 1987, p. 195.

26. Ver MELO, José Marques, *A opinião no jornalismo brasileiro*, Petrópolis, Vozes, 1985, pp. 7-22.

27. *Id., ibidem*, pp. 9-10.

PARTE IV

Propostas teóricas

Tanto na ética como na filosofia do Direito, sempre é importante que em princípio sejamos responsáveis por nossas ações, precisamente porque são conscientes, controláveis e intencionadas.

Teun A. van Dijk

1 DESCRIÇÃO PRAGMÁTICA DA AÇÃO JORNALÍSTICA

A Pragmática, como vertente complexa da Lingüística e da Semiótica, dá conta da extensão social e das conseqüências sociais dos enunciados. E assim retornamos a Teun A. van Dijk e à sua lógica da ação.

Ele sustenta que só a descrição pragmática pode especificar que tipos de atos (sociais) de fala ocorrem em dada cultura. A Pragmática descreve as regras que determinam em que condições tais atos são apropriados em relação aos contextos em que ocorrem. E van Dijk define que o ato de fala próprio do jornalismo é o de *asseverar* (do latim *asseverare* – afirmar com certeza, segurança).

A conexão teórica entre jornalismo e Pragmática está assentada no reconhecimento de que "a utilização da língua não se reduz a produzir um enunciado, senão que esse enunciado é a execução de uma ação social". E, porque é importante para o desenvolvimento da abstração conclusiva em que já entramos, repetimos o conceito de ação com que van Dijk trabalha, e que também utilizamos como base de organização do nosso modelo teórico descritivo da ação jornalística.

Para van Dijk, a Pragmática se ocupa, entre outras coisas, da formulação das condições para o êxito dos atos de fala – condições essas que "estão relacionadas com os conhecimentos, os desejos e as obrigações dos falantes". E o percurso teórico passa obrigatoriamente pela conceituação de *sucesso* e *ação*.

Teun van Dijk trabalha com a idéia de que o conceito de sucesso se refere à *modificação* de um *estado* em outro – ou seja, o sucesso se produz quando, "em um determinado estado, se agregam ou suprimem objetos ou quando os objetos adquirem outras propriedades ou passam a relacionar-se entre si de outra maneira".

Outro aspecto importante dessa elaboração lógica: a modificação do estado se dá ao longo de certo tempo. Isto é, o *estado final* de um sucesso é posterior ao *estado inicial* – e as modificações podem ocorrer em várias fases dialeticamente sucessivas, por meio de uma série de estados intermédios. A essa dinâmica van Dijk chama de *processos*.

A trasladação dessa teoria de ação para o campo – nosso conhecido – do jornalismo nos leva à afirmação de que *o acontecimento* (do qual o relato *asseverador* faz parte) é uma forma complexa de processo, com mais ou menos capacidade de desorganização e reorganização social. A intervenção do relato jornalístico em acontecimentos complexos ou com elevado potencial de complexidade pode ampliar, em *novos sucessos,* a rota do *processo* e, até, desencadear processos derivados nas tramas sociais.

Esse é o universo do *fazer,* entendendo-se por *fazer* as modificações visíveis e controláveis dos *estados,* ou seja, modificações que podemos dominar no começo, na continuidade e no término – porque *o fazer* humano localiza-se no âmbito do cognitivo.

As propriedades do cognitivo se expressam pelo *propósito* ou pela *intenção.* "Sempre que se leva a cabo uma ação existe o *propósito* ou a *intenção* de executar um fazer", diz van Dijk. E aí está, para o objetivo do nosso estudo, o núcleo mais importante da Pragmática.

É fundamental que se relembre a diferença entre *propósito* e *intenção.*

Propósito é a visualização ideal ou imaginativa de um plano ou o fim de uma ação. Está voltado para os efeitos e resultados que interessam a um lado ou outro da interlocução, ou a ambos. Relaciona-se, portanto, com o *estado* pós-ação.

Intenção tem o sentido de tudo que segue uma orientação, um vetor. Tem raízes nos motivos/valores inspiradores, e em função deles exerce o controle consciente dos *fazeres.*

A *intenção* não vai além da ação; faz parte dela, esgota-se nela, controlando o *fazer. Intenção* e *fazer* são as partes constitutivas da *ação.* É a intenção (vinculada, por exemplo, à lei formal ou a um valor religioso ou filosófico) que nos torna responsáveis conscientes pelas nossas ações.

Já o *propósito,* como elemento da Pragmática, por se referir ao objetivo, à finalidade pretendida, está fora da ação, além dela. "Uma *intenção* se refere unicamente à execução de um *fazer,* enquanto um *propósito* se refere à função que este *fazer* ou esta *ação* podem ter", define van Dijk.

Essa figura abstrata deixa implícito que a *intenção*, sendo o controle consciente do *fazer*, deve estar necessariamente vinculada aos valores anteriores ou posteriores que determinam a ação. Ainda que alargando a sua análise à amplitude macropragmática, van Dijk atém-se aos limites da Semiótica; seu estudo não se preocupa com a Ética nem com a Moral.

Como a busca teórica que desenvolvemos tem por objeto o jornalismo, necessário se torna enxertar a Ética e a Moral na teoria da ação de van Dijk, para, aí sim, podermos chegar a um ferramental novo de definição e análise da ação jornalística.

A inferência a que chegamos permite a visualização de um fluxograma assim desenvolvido:

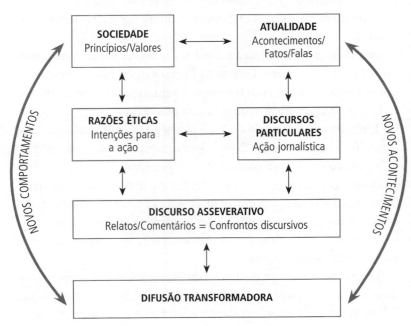

Se a *intenção* controla conscientemente o *fazer*, e se a ação – como acontece no jornalismo – está na esfera do interesse público, então a *intenção* impõe o caráter moral ao *fazer*, e esse caráter moral, determinante da natureza e do desenvolvimento da ação, deve estar conectado a um princípio ético orientador – sem o que a ação jornalística não cumprirá a contento sua função social.

Daí resulta que podemos estabelecer:

1 Sendo o jornalismo um processo social de ações conscientes, controladas ou controláveis, esse processo só se concretiza se os *fazeres* jornalísticos (envolvendo o uso de *técnicas* para a produção de uma expressão *estética*) forem cognitivamente controlados por *intenções* inspiradas nas *razões éticas* que dão sentido social a esse processo.

2 Porque as ações são conscientes e têm conseqüências sociais relevantes, o jornalista é responsável moral pelos seus *fazeres*.

3 Se a *intenção* controla conscientemente o *fazer*, então determina os *procedimentos técnicos* e inspira as *buscas* e as *soluções estéticas*.

4 *Intenção* é, portanto, a liga abstrata que funde *ética* e *técnica*, na busca de uma *estética* significativa para o processo.

5 Dado que a razão ética primordial do jornalismo é a de viabilizar, *asseverando*, o acesso ao direito de informação, *a estética* significativa a ser alcançada pelo jornalismo é a do *relato veraz* – isto é: o relato do que em verdade foi visto, ouvido e sentido pelo mediador.

6 A ação jornalística se esgota no seu ato de *asseverar*, quando a mensagem é lida. Os efeitos derivados, em forma de comportamentos ou novas ações sociais, fazem parte da esfera criativa e livre do receptor, inserto em suas próprias circunstâncias sociais e seus interesses. Os comportamentos e as ações sociais derivadas dos atos comunicativos do jornalismo realimentam o processo social, provocando transformações nos cenários da atualidade e da ordenação ética e moral da sociedade.

Propomos, assim, um modelo macropragmático para a descrição da ação jornalística, tendo como idéia central a atribuição de *essencialidade* ao componente *intenção*, no entendimento e na concretização dos *fazeres* jornalísticos.

Trabalhamos, aí, com a noção de que *essência* é o indispensável de uma coisa, o fundo do ser. Sem *intenção* não é possível agregar, no *fazer* criativo do jornalismo, a *ética*, a *técnica* e a *estética*, tríade inseparável dos processos complexos de comunicação.

Sem o controle consciente sobre os *fazeres*, o jornalismo não se concretiza nem como ação social nem como criação cultural.

2 ALGUMAS IDÉIAS DECORRENTES

UM MODELO PARA A INTERAÇÃO

O modelo pragmático proposto, descritivo da ação jornalística, não é um cadeado racionalista, fechado à complexidade pluralista dos processos sociais e culturais, dentro dos quais ocorre o jornalismo. São processos construídos pelo confronto e pela cooperação.[1] Na concepção do modelo, as fronteiras para as interferências dos autores e atores sociais estão totalmente abertas nos três pólos de interação: com a *sociedade*, que estabelece princípios e costumes, portanto as razões éticas e morais; com a *atualidade*, representada não apenas pelo que acontece mas também por aquilo que as pessoas querem dizer e saber sobre o que acontece;[2] e com a *recepção ativa*, em que se dá o encontro de expectativas e perspectivas. A ação jornalística ocorre e desenvolve-se na dinâmica desse tripé e integrada a ele. Como ensinou Weber, "a ação (humana) é social na medida em que, em função da significação subjetiva que o indivíduo ou os indivíduos que agem lhe atribuem, toma em consideração o comportamento dos outros e é por ele afetada no seu curso".[3]

São interações complexas.

Com a sociedade institucionalizada, o jornalismo e o jornalista interagem num cenário de obrigações e direitos, regulado pelas leis e pelos costumes. Daí derivam os balizamentos éticos e morais, os *quês* e os *porquês* que devem servir de motivo à ação jornalística, caldeados pela consciência profissional, a faculdade moral de decidir pelo que é correto – o que supõe o conhecimento e a compreensão dos valores em jogo e a liberdade de ação.

Com a atualidade (acontecimentos e demandas) e com a recepção ativa (expectativas e perspectivas) a interação viabiliza a circulação e a negociação de interesses.

A QUESTÃO MAIOR DO INTERESSE

A palavra *interesse* é a que mais se repete nas definições do que seja jornalismo, simbolizado na notícia, sua expressão de essência. Em *Estructura de la noticia periodística*, M. Fontcuberta[4] reúne algumas das muitas definições que usam *interesse* como palavra-chave do jornalismo. Por exemplo:

"Notícia é um fato ou uma idéia precisos que *interessa* a um amplo número de leitores. Entre duas notícias, a melhor é a que *interessa* a um maior número de pessoas" (Lyle Spencer, 1917).

"Notícia é o que os jornalistas acreditam que *interessa* aos leitores. Portanto, notícia é o que *interessa* aos jornalistas" (Herráiz, 1966).

"Os periódicos publicam um variado tipo de informação segundo os diferentes núcleos de *interesse* em seus leitores" (Paul Sheerhan, 1972).

Também Fraser Bond, não citado por Fontcuberta, situa no *interesse* a razão de ser do jornalismo: "Os acontecimentos mundiais constituem o material básico do jornalismo, desde que *interessem* ao público".[5]

Aliás, nunca é demais lembrar que a atividade jornalística deve ser avaliada e avalizada pelas razões do *interesse público*, parâmetro gerador dos critérios jornalísticos de valoração da informação. E, quanto mais vigorosos forem os atributos de relevância social da informação, maior será a dimensão do interesse público atendido.

Aprofundar a questão do *interesse* exige ir a Kant, para quem "interesse é aquilo por que a razão se torna prática, isto é, se torna causa determinante da vontade".[6] Na lógica de Kant, a razão pura persegue interesses, que não são puramente teóricos, mas se apresentam em última análise como práticas.

Ao aclarar o conceito, e partindo das idéias de Kant, Valério Rohden[7] define *interesse* como a conexão da faculdade do desejo com o prazer, mediante a razão, segundo uma regra. E a determinação da razão com relação ao interesse pode ocorrer de duas maneiras: "ou a razão determina a regra, segundo a qual algo pode ser alcançado sobre a base de um interesse; ou ela determina imediatamente o interesse como tal".[8] No primeiro caso, diz Rohden, o prazer torna-se o fundamento determinante do interesse pelo fim a ser alcançado; no segundo caso, a razão determina sozinha o interesse, e determina também os princípios ou leis do interesse, de tal modo que o prazer passa a ser simples conseqüência da determinação da lei.

Habermas percorre outros caminhos quando trata das relações entre *interesse* e *conhecimento*. Com a densidade que lhe é própria, desenvolve a tese segundo a qual todo conhecimento é posto em movimento por interesses que o orientam.[9] Habermas coloca a questão do interesse além dos limites biológicos, dando-lhe moldura cultural:

> Chamo de interesses a orientações básicas que aderem a certas condições fundamentais da reprodução e da autoconstituição possíveis da espécie humana: *trabalho e interação*. [...] Pelo fato de a reprodução da vida estar determinada culturalmente, ao nível antropológico, pelo trabalho e pela interação, os interesses do conhecimento comprometidos com as condições existenciais deste trabalho e desta interação não podem ser concebidos nos quadros referenciais da biologia, próprios à reprodução e à conservação da espécie. A reprodução da vida social [...] não pode, de forma alguma, ser adequadamente caracterizada sem o recurso às fontes culturais da reprodução [...].[10]

A analogia com o jornalismo é irrecusável e perfeita.

DAS RELEVÂNCIAS AO INTERESSE

O interesse pode ser considerado, portanto, o atributo de definição do jornalismo. Só é notícia o relato que projeta interesses, desperta interesses ou responde a interesses. Esse atributo de definição pode alcançar maior ou menor intensidade, dependendo da existência, em maior ou menor grau, de atributos de relevância no conteúdo.

Ao que consideramos *atributos de relevância* Warren chama de *elementos da notícia,* e propõe que sejam oito:[11]

Atualidade
Proximidade
Proeminência
Curiosidade
Conflito
Suspense
Emoção
Conseqüências

Na verdade, não é difícil chegar a outras listagens. Atributos como *notoriedade, surpresa, conhecimento* e *dramaticidade* (que não fazem parte da lista de Warren) também aumentam, na informação, a intensidade do interesse. E outras relevâncias podem surgir de circunstâncias temporais, culturais e regionais, não previsíveis. Afinal, estamos falando das razões que levam o leitor a se interessar ou não pela informação que lhe é oferecida. E o domínio seguro desse processo supõe sustentação em permanente esforço de pesquisa.

Propomos, entretanto, um entendimento diferente desta questão. Temos a convicção de que há uma lógica de causa e efeito entre os níveis de interesse (do leitor) pelo conteúdo e as relevâncias desse conteúdo. Ou seja: quanto mais numerosos e mais intensos forem os atributos de relevância em dado conteúdo, maior será o nível do interesse desse conteúdo para o leitor.

Podemos, portanto, chegar à seguinte grade de atributos do produto jornalístico, usando, inclusive, cinco dos elementos propostos por Warren (substituímos *emoção* e *suspense* por *dramaticidade;* e *proeminência* por *notoriedade*):

ATRIBUTOS DO PRODUTO JORNALÍSTICO

ATRIBUTO DE DEFINIÇÃO	INTERESSE
ATRIBUTOS DE RELEVÂNCIA	Atualidade
	Proximidade
	Notoriedade
	Conflito
	Conhecimento
	Conseqüências
	Curiosidade
	Dramaticidade
	Surpresa

OS MOTIVOS E A INTENÇÃO

A complexidade dos conflitos em que interage e a preponderância do componente *interesse* nesses conflitos impõem ao jornalista o dever vital de se conectar a princípios éticos. Esses princípios devem determinar as intenções controladoras das ações jornalísticas, tendo como motivo o interesse público.

Diz E. Anscombe: "As ações intencionais são aquelas a que se pode aplicar a pergunta 'por quê?'".[12] E, comentando Anscombe, escreve Paul Ricoeur: "Compreende-se por que é que se escolheu a pergunta 'por quê?' em vez da pergunta – que fazes? O sentido da ação como intencional está nas respostas às perguntas que explicitam a pergunta 'quê' desenvolvendo-a mediante a pergunta 'por quê?'; a ação é designada como intencional neste jogo de linguagem".[13]

Sob o ponto de vista ético, a intencionalidade jornalística precisa do *porquê* (motivo), não do *para quê* (propósito). Conectada aos motivos éticos, a intenção controla a utilização das técnicas, inspira a curiosidade, ativa a compreensão, gera critérios valorativos para a apuração, depuração e ordenação das informações e opiniões recolhidas. E dá direção à sensibilidade criativa, na elaboração do relato veraz.

Não basta, porém, fazer o relato veraz.

É preciso que na estética do relato veraz haja a explicitação das intenções, pela evidência das relevâncias nos elementos de titulação e introdução do texto, para que o leitor possa, livremente e com lucidez, decidir se a mensagem lhe interessa ou não. E, interessando-lhe, possa ele partilhar criativamente da interação, com a intensidade das suas próprias circunstâncias e expectativas. Nessa interação, a expansão da ação comunicativa, por meio de efeitos, está na esfera dos interesses do receptor.

O que significa dizer o seguinte: denunciar à sociedade o comportamento corrupto e imoral de um presidente da República é dever do jornalismo e do jornalista; derrubá-lo é prerrogativa do povo organizado.

REFERÊNCIAS

1. Sobre o tema, ver HABERMAS, Jürgen, *Consciência moral e agir comunicativo,* Rio de Janeiro, Tempo Brasileiro, 1989, pp. 143-205.

2. Ver CASASÚS, Josep María, *Iniciación a la periodística,* Barcelona, Teide, 1988, pp. 88-92.

3. WEBER, Max, *apud* ROCHER, *Guy, Sociologia geral – A Ação Social,* Lisboa, Presença, 1989, p. 24.

4. FONTCUBERTA, Mar, *Estructura de la notícia periodística* (2ª ed.), Barcelona, ATE, 1981, pp. 9-16.

5. BOND, F. Fraser, *Introdução ao jornalismo* (2ª ed.), Rio de Janeiro, Agir, 1962, p. 15.

6. KANT, I., *apud* ROHDEN, Valério, *Interesse da razão e da liberdade* (Ensaios 71), São Paulo, Ática, 1981, p. 72.

7. Valério Rohden, filósofo da Universidade Federal do Rio Grande do Sul, dedicou sua tese de livre-docência ao estudo do interesse da razão.

8. ROHDEN, Valério, *op. cit.,* p. 63.

9. Ver HABERMAS, Jürgen, *Conhecimento e interesse,* Rio de Janeiro, Guanabara, 1987, pp. 211-33.

10. *Id., ibidem*, p. 218.

11. Warren, Carl N., *Géneros periodísticos informativos*, Barcelona, ATE, 1975, pp. 23-38.

12. Anscombe, E., *apud* Ricoeur, Paul, *O discurso da acção*, Lisboa, Edições 70, 1988, p. 43.

13. Ricoeur, Paul, *op. cit.*, p. 43.

Bibliografia

ABRAMO, Cláudio. *A regra do jogo*. São Paulo: Companhia das Letras, 1988.

ADORNO, Theodor. *Teoria estética*. Lisboa: Edições 70, 1988.

ADORNO, Theodor *et al*. *Humanismo e comunicação de massa*. Rio de Janeiro: Tempo Brasileiro, 1970.

ALBERTOS, José Luiz Martinez. *Redacción periodística – Los estilos y los géneros en la prensa escrita*. Barcelona: ATE, 1974.

ALMINO, João. *O segredo e a informação – Ética e política no espaço público*. São Paulo: Brasiliense, 1986.

AMARAL, Luiz. *Jornalismo – Matéria de primeira página*. 4ª ed. Rio de Janeiro: Tempo Brasileiro, 1986.

_____. *Técnica de jornal e periódico*. Rio de Janeiro: Tempo Universitário, 1978.

ANDRADE, Cândido Teobaldo de. *Para entender relações públicas*. São Paulo: Loyola, 1983.

ANSART, Pierre. *Ideologias, conflitos e poder*. Rio de Janeiro: Zahar, 1978.

ARISTÓTELES. *A política*. 6ª ed. São Paulo: Atena, 1960.

AUGRAS, Monique. *Opinião pública – Teoria e pesquisa*. 3ª ed. Petrópolis: Vozes, 1978.

BANDLER, Richard; GRINDER, John. *A estrutura da magia – Um livro sobre linguagem e terapia*. Rio de Janeiro: Zahar, 1977.

BARTHES, Roland. *Crítica e verdade*. São Paulo: Perspectiva, 1982.

_____. *Elementos de semiologia*. São Paulo: Cultrix, 1971.

_____. *Mitologias*. São Paulo: Bertrand-Difel, 1987.

BELTRÃO, Luiz. *Teoria geral da comunicação*. Brasília: Thesaurus, 1980.

_____. *Jornalismo interpretativo*. 2ª ed. Porto Alegre: Sulina/ARI, 1980.

_____. *Jornalismo opinativo*. Porto Alegre: Sulina/ARI, 1980.

_____; QUIRINO, Newton de Oliveira. *Subsídios para uma teoria da comunicação de massa*. São Paulo: Summus, 1986.

BENITO, Ángel. "Introdución". In: *Teoría general de la información*. Madri, 1973.

_____. *Fundamentos de teoría general de la información*. Madri: Pirámide, 1981.

BERLO, David K. *O processo da comunicação – Introdução à teoria e à prática*. São Paulo: Martins Fontes, 1979.

BERLYNE, D. E. *O pensamento – Sua estrutura e direção*. São Paulo: EPU/ Edusp, 1973.

BLIKSTEIN, Izidoro. *Kaspar Hauser ou a fabricação da realidade*. São Paulo: Cultrix/Edusp, 1983.

BOND, F. Fraser. *Introdução ao jornalismo*. 2ª ed. Rio de Janeiro: Agir, 1962.

BOURDIEU, Pierre. *A economia das trocas simbólicas*. São Paulo: Perspectiva, 1987.

BRUM, Eron. *Política, o palco da simulação*. Santos: A Tribuna, 1988.

BULIK, Linda. *Doutrinas da informação no mundo de hoje*. São Paulo: Loyola, 1990.

BUNGE, Mário. *La ciencia, su método y su filosofía*. Buenos Aires: Siglo Veinte, 1988.

BURGELIN, Olivier. *A comunicação social*. Lisboa: Edições 70, 1981.

CALVINO, Italo. *Seis propuestas para el próximo milenio*. Madri: Siruela, 1989.

CARDOSO, Fernando Henrique; IANNI, Octavio. *Homem e sociedade*. São Paulo: Nacional, 1977.

CARONTINI, E.; PERAYA, D. *O projeto semiótico: elementos de semiologia geral*. São Paulo: Cultrix, 1979.

CARRETER, Fernando Lázaro; CALDERÓN, Evaristo Correa. *Cómo se comenta un texto literario*. Madri: Cátedra, 1980.

CASASÚS, Josep María. *Iniciación a la periodística*. Barcelona: Teide, 1988.

CASTRO, Armando. *Conhecer e conhecimento*. Lisboa: Caminho, 1989.

CATLIN, G. E. G. *Tratado de política*. Rio de Janeiro: Zahar, 1964.

CAZENEUVE, Jean (dir.). *Guia alfabético das comunicações de massas.* Lisboa: Edições 70, 1976.

CHAUMELY, Jean; HUISMAN, Denis. *As relações públicas.* São Paulo: Difusão Européia do Livro, 1964.

CHERRY, Colin. *A comunicação humana.* São Paulo: Cultrix/Edusp, 1974.

CITELLI, Adilson. *Linguagem e persuasão.* 2ª ed. São Paulo: Ática, 1986.

COHN, Gabriel. *Sociologia da comunicação – Teoria e ideologia.* São Paulo: Pioneira, 1973.

CORREA, Tupã Gomes. *Opinião pública – Os bastidores da ação política.* São Paulo: Global, 1988.

COSTA, Caio Túlio. *O relógio de Pascal – A experiência do primeiro ombudsman na imprensa brasileira.* São Paulo: Siciliano, 1991.

COSTA, Newton C. A. da. *Os fundamentos da lógica.* São Paulo: Hucitec/ Edusp, 1980.

CRATO, Nuno. *Comunicação social/A imprensa – iniciação ao jornalismo e à comunicação social.* Lisboa: Presença, 1989.

DEBOIS, Edeline F. *et al. Retórica geral.* São Paulo: Cultrix, 1974.

DELEUZE, Gilles. *Lógica do sentido.* São Paulo: Perspectiva/Edusp, 1974.

DESANTES, José Maria. *La información como derecho.* Madri: Nacional, 1974.

DIMENSTEIN, Gilberto. *A República dos padrinhos.* 6ª ed. São Paulo: Brasiliense, 1988.

_____. *Conexão Cabo frio – Escândalo no Itamaraty.* 2ª ed. São Paulo: Brasiliense, 1989.

_____. *Meninas da noite.* São Paulo: Ática, 1992.

DOVIFAT, Emil. *Periodismo 1 y 2.* México: Uteha, 1959.

DUCROT, Oswald. *O dizer e o dito.* Campinas: Pontes, 1987.

DURKHEIM, Emile. *As regras do método sociológico.* 10ª ed. São Paulo: Ed. Nacional, 1982.

DUVERGER, Maurice. *Ciência política – Teoria e método.* Rio de Janeiro: Zahar, 1962.

ECHEVERRIA, R. *et al. Ideología y medios de comunicación.* Buenos Aires: Amorrortu, 1973.

ECO, Umberto. *Conceito de texto.* São Paulo: Edusp, 1984.

_____. *Obra aberta*. São Paulo: Perspectiva, 1968.

EL PAÍS, *libro de estilo*. 4ª ed. Madri: El País, 1990.

ETZIONI, Amitai. *Organizações modernas*. 6ª ed. São Paulo: Pioneira, 1964.

FAUSTO NETO, Antonio. *Mortes em derrapagem – Os casos de Corona e Cazuza no discurso da comunicação de massa*. Rio de Janeiro: Rio Fundo, 1991.

_____. *O corpo falado – A doença e a morte de Tancredo Neves nas revistas semanais brasileiras*. 2ª ed. Belo Horizonte: Fumarc/PUC-MG, 1988.

FESTINGER, Leon. *Teoria da dissonância cognitiva*. Rio de Janeiro: Zahar, 1975.

FISCHER, Desmond. *O direito de comunicar – Expressão, informação e liberdade*. São Paulo: Brasiliense, 1984.

FLEUR, Melvin L. de. *Teorias de comunicação de massa*. Rio de Janeiro: Zahar, 1971.

FONTCUBERTA, Mar. *Estructura de la notícia periodística*. 2ª ed. Barcelona: ATE, 1981.

FOUCAULT, Michel. *Microfísica do poder*. 10ª ed. Rio de Janeiro: Graal, 1992.

FREITAG, Bárbara. *Itinerários de Antígona – A questão da moralidade*. Campinas: Papirus, 1992.

_____; ROUANET, Sérgio Paulo (org.); FERNANDES, Florestan (coord.). *Habermas – Sociologia*. São Paulo: Ática, 1980.

FREUD, Sigmund. *La interpretación de los sueños*. v. 1, 2 e 3. Madri: Alianza, 1987.

GAILLARD, Philippe. *O jornalismo*. 3ª ed. Mem-Martins: Publicações Europa-América, 1986.

GARCIA, Alexandre. *Nos bastidores da notícia*. 4ª ed. Rio de Janeiro: Globo, 1990.

GARCIA, Luiz (org. e edit.). *Globo – Manual de redação e estilo*. 16ª ed. Rio de Janeiro: Globo, 1992.

GARGUREVICH, Juan. *Novo manual de periodismo*. Lima: Causachum, 1987.

GARRONI, E. *Proyecto de semiótica*. Barcelona: GG, 1973.

GAY, Peter. *Freud, uma vida para o nosso tempo*. São Paulo: Companhia das Letras, 1989.

GENETTE, Gérard. *Discurso da narrativa*. Lisboa: Vega Universitária, 1976.

GOLDEMBERG, José; MELO, José Marques de (orgs.). *Direito à informação, direito à opinião*. São Paulo: ECA/USP, 1990.

GOLDENSTEIN, Gisela Taschner. *Do jornalismo político à indústria cultural*. São Paulo: Summus, 1987.

GOULART, Silvana. *Sob a verdade oficial – Ideologia, propaganda e censura no Estado Novo*. São Paulo: Marco Zero/CNPq, 1990.

GRACIA, Francisco (comp.). *Presentación del lenguaje*. Madri: Taurus, 1972.

GUIMARÃES, André (org.). *História e sentido na linguagem*. Campinas: Pontes, 1989.

HABERMAS, Jürgen. *Conhecimento e interesse*. Rio de Janeiro: Guanabara, 1987.

_____. *El discurso filosófico de la modernidad*. Buenos Aires: Taurus, 1985.

_____. *Mudança estrutural da esfera pública*. Rio de Janeiro: Tempo Brasileiro, 1984.

HALLIDAY, Tereza Lúcia (org.). *Atos retóricos – Mensagens estratégicas de políticos e igrejas*. São Paulo: Summus, 1988.

HARING, Bernhard. *A lei de Cristo – Teologia moral*. v. 1 e 2. São Paulo: Herder, 1964.

HARRISON, Albert A. *A psicologia como ciência social*. São Paulo: Cultrix/Edusp, 1975.

HEGENBERG, L. *Etapas da investigação científica*. v. 1 e 2. São Paulo: EPU/Edusp, 1976.

HERNANDO, Manuel Calvo. *Ciencia y periodismo*. Barcelona: Cefi, 1990.

HIRSCHMAN, Albert. *As paixões e os interesses*. Rio de Janeiro: Paz e Terra, 1979.

HOHENBERG, John. *Manual de jornalismo*. Rio de Janeiro: Fundo de Cultura, 1962.

JAKOBSON, Roman. *Lingüística e comunicação*. 4ª ed. São Paulo: Cultrix, 1970.

JAUSS, Hans Robert *et al.* *A literatura e o leitor – Textos de estética de recepção.* Rio de Janeiro: Paz e Terra, 1979.

JENSEN, Henning (coord.). *Teoría crítica del sujeto – Ensayos sobre psicoa-nálisis y materialismo histórico.* México/Madri/Buenos Aires/Bogotá: Siglo Veintiuno, 1986.

JOAD, C. E. M. *Aprenda sozinho filosofia.* São Paulo: Pioneira, 1963.

KAPFERER, Jean-Noël. *Boatos – O meio de comunicação mais velho do mundo.* Mem-Martins: Publicações Europa-América, 1987.

KERBRAT-ORECCHIONI, Catherine. *La enunciación – De la subjetividad en el lenguaje.* Buenos Aires: Hachette, 1986.

KIENTZ, Albert. *Comunicação de massa – Análise de conteúdo.* Rio de Janeiro: Eldorado, 1973.

KINCAID JR., William. *Promoção – Produtos, serviços e idéias.* Rio de Janeiro: Zahar, 1985.

KUCINSKI, Bernardo. *Jornalistas e revolucionários.* São Paulo: Página Aberta, 1991.

LADAVEZE, Luiz Núñez. *Estilo y géneros periodísticos.* Barcelona: Ariel, 1991.

LADRIÈRE, Jean. *A articulação do sentido.* São Paulo: EPU/Edusp, 1977.

LAGE, Nilson. *Ideologia e técnica da notícia.* Petrópolis: Vozes, 1979.

_____. *Linguagem jornalística.* São Paulo: Ática, 1985.

LAMIQUIZ, Vidal. *El contenido lingüístico – Del sistema al discurso.* Barcelona: Ariel, 1985.

LAPA, M. Rodrigues. *Estilística da língua portuguesa.* 11ª ed. Coimbra: Coimbra, 1984.

LASSWELL, Harold D. "Estructura y función de la comunicación en la socie-dad". In: MORAGAS, M. de (ed.). *Sociologia de la comunicación de masas – II. Estructura, funciones y efectos.* Barcelona: Gustavo Gili, 1985.

LAVOINNE, Yves. *A imprensa.* Lisboa: Vega, s/d.

LEACH, Edmund. *Cultura e comunicação.* Rio de Janeiro: Zahar, 1978.

LIMA, Alceu Amoroso. *Da inteligência à palavra.* Rio de Janeiro: Agir, 1962.

LIMA SOBRINHO, Barbosa. *O problema da imprensa.* São Paulo: ComArte, 1988.

LINS DA SILVA, Carlos Eduardo. *O adiantado da hora – A influência americana sobre o jornalismo brasileiro.* São Paulo: Summus, 1991.

_____. *Mil dias – Os bastidores da revolução de um grande jornal.* São Paulo: Trajetória Cultural, 1988.

LOPES, Maria Immacolata V. *Pesquisa em comunicação.* São Paulo: Loyola, 1990.

MCLUHAN, Marshall. *A galáxia de Gutenberg.* São Paulo: Nacional/ Edusp, 1972.

MAINGUENEAU, Dominique. *Novas tendências em análise do discurso.* Campinas: Pontes/Unicamp, 1989.

Manual de estilo Editora Abril. Rio de Janeiro: Nova Fronteira, 1990.

MARCONDES FILHO, Ciro. *A linguagem da sedução.* São Paulo: Perspectiva, 1988.

_____. *O capital da notícia – Jornalismo como produção social da segunda natureza.* São Paulo: Ática, 1986.

_____. *Quem manipula quem?* Petrópolis: Vozes, 1986.

MARCUSE, Herbert. *A dimensão estética.* Lisboa: Edições 70, 1986.

MARTIN-BARBERO, Jesus. *Procesos de comunicación e matrices de cultura – Itinerario para salir de la razón dualista.* México: Felafacs/GG, 1987.

MARTINS, Eduardo (org./ed.). *Manual de redação e estilo.* São Paulo: Oesp, 1990.

MARX, Karl. *O capital.* Rio de Janeiro: Melso, 1962.

MASER, Siegfried. *Fundamentos de teoria geral da comunicação.* São Paulo: EPU/Edusp, 1975.

MATTOS, Sérgio. *Censura de guerra (da Criméia ao Golfo Pérsico).* Salvador: Sindicato dos Jornalistas Profissionais no Estado da Bahia, 1991.

MEDINA, Cremilda. *Entrevista, o diálogo possível.* São Paulo: Ática, 1986.

_____. *Notícia, um produto à venda.* 2ª ed. São Paulo: Summus, 1988.

_____. *O jornalismo na Nova República.* São Paulo: Summus, 1987.

_____. *Profissão jornalista: responsabilidade social.* Rio de Janeiro: Forense Universitária, 1982.

MELO, José Marques de. *A opinião no jornalismo brasileiro.* Petrópolis: Vozes, 1985.

_____. *Censura e liberdade de imprensa.* São Paulo: ComArte, 1984.

_____. *Comunicação e modernidade.* São Paulo: Loyola, 1991.

_____. *Comunicação: Teoria e política.* São Paulo: Summus, 1985.

_____. *Imprensa e desenvolvimento.* São Paulo: CJE/ECA/USP, 1984.

_____; Lins da Silva, Carlos Eduardo. *Perfis de jornalistas.* São Paulo: ECA/USP, 1991.

Meyer, Philip. *A ética no jornalismo.* Rio de Janeiro: Forense Universitária, 1989.

Moisés, Massaud. *A criação literária – Prosa.* 3ª ed. São Paulo: Cultrix, 1985.

Moragas, M. de (ed.). *Sociología de la comunicación de masas – I. Escuelas y autores.* Barcelona: GG, 1985.

_____. *Sociología de la comunicación de masas – II. Estructura, funciones y efectos.* Barcelona: GG, 1985.

Morin, Edgar. *Para sair do século XX.* Rio de Janeiro: Nova Fronteira, 1986.

Nobre, Freitas. *Imprensa e liberdade – Os princípios constitucionais e a nova legislação.* São Paulo: Summus, 1988.

Novo manual da redação (versão eletrônica). São Paulo: Folha de S.Paulo, 1992.

Orlandi, Eni Pulcinelli. *A linguagem e seu funcionamento – As formas do discurso.* São Paulo: Brasiliense, 1983.

Ostrower, Fayga. *Criatividade e processos de criação.* Petrópolis: Vozes, 1978.

Paillet, Marc. *Jornalismo, o quarto poder.* São Paulo: Brasiliense, 1986.

Peirce, Charles Sanders. *Semiótica e filosofia (textos escolhidos).* São Paulo: Cultrix, 1975.

_____. *Lecciones sobre el pragmatismo.* Buenos Aires: Aguilar, 1978.

Perelman, C.; Olbrechts-Tyteca, L. *Tratado de la argumentación – La nueva retórica.* Madri: Credos, 1989.

Peterfalvi, Jean-Michel. *Introdução à psicologia.* São Paulo: Cultrix, 1973.

Peterson, Theodore; Jensen, Jay W.; Rivers, William. *Os meios de comunicação e a sociedade moderna.* Rio de Janeiro: GRD, 1966.

Platão. *Diálogos – A República.* Rio de Janeiro: Ediouro, s/d.

Quesada, Montse. *La entrevista: obra creativa.* Barcelona: Mitre, 1984.

RIVERS, William L.; SCHRAMM, Wilbur. *Responsabilidade na comunicação de massa*. Rio de Janeiro: Bloch, 1970.

ROHDEN, Valério. *Interesse da razão e liberdade*. São Paulo: Ática (Ensaios 71), 1981.

RODRIGUES, Adriano D. *A Comunicação social – Noção, história e linguagem*. 2ª ed. Lisboa: Vega, 1980.

_____; DIONISIO, Eduarda; NEVES, Helena G. *Comunicação social e jornalismo – 1. O fabrico da atualidade*. Lisboa: A Regra do Jogo, 1981.

REICH, Wilhelm. *Psicologia de massas do fascismo*. São Paulo: Martins Fontes, 1972.

SALMON, Wesley C. *Lógica*. 4ª ed. Rio de Janeiro: Zahar, 1978.

SANTOS, Mário Ferreira dos. *Dicionário de filosofia e ciências culturais*. São Paulo: Maltese, 1963.

SEMAMA, Paolo. *Linguagem e poder – Coleção Pensamento Político*. nº 42. Brasília: Editora Universidade de Brasília, 1981.

SHULTZ, Richard H.; GODSON, Roy. *Desinformação – Medidas ativas na estratégia soviética*. Rio de Janeiro: Nórdica, 1987.

SIMPSON, Thomas Moro. *Linguagem, realidade e significado*. 2ª ed. Rio de Janeiro: Francisco Alves, 1979.

SLOBIN, D. Isaac. *Psicolingüística*. São Paulo: Edusp, 1980.

SOARES, Ismar de Oliveira. *Para uma leitura crítica da publicidade*. São Paulo: Paulinas, 1988.

SODRÉ, Muniz; FERRARI, Maria Helena. *Técnica de reportagem – Notas sobre a narrativa jornalística*. São Paulo: Summus, 1986.

SODRÉ, Nelson Werneck. *A história da imprensa no Brasil*. Rio de Janeiro: Civilização Brasileira, 1966.

STEINBERG, Charles S. (org.). *Meios de comunicação de massa*. São Paulo: Cultrix, 1972.

STRASSER, Hermann. *A estrutura normativa da Sociologia*. Rio de Janeiro: Zahar, 1978.

TCHAKHOTINE, Serge. *A mistificação das massas pela propaganda política*. Rio de Janeiro: Civilização Brasileira, 1967.

TODOROV, Tzvetan. *Gêneros do discurso*. São Paulo: Martins Fontes, 1980.

TOFFLER, Alvin. *O choque do futuro*. Rio de Janeiro: Record, 1970.

TORQUATO, Gaudêncio. *Comunicação empresarial/Comunicação institucional*. São Paulo: Summus, 1986.

TOUSSAINT, Nadine. *Economia da informação*. Rio de Janeiro: Zahar, 1979.

Um mundo e muitas vozes – Comunicação e informação em nossa época. Rio de Janeiro: Editora da Fundação Getulio Vargas/Unesco, 1983.

VAN DIJK, Teun A. *La Ciencia del texto*. Barcelona/Buenos Aires: Paidós, 1983.

_____. *La noticia como discurso – Comprensión, estructura y producción de la información*. Barcelona/Buenos Aires: Paidós, 1990.

VÁSQUEZ, Adolfo Sánchez. *Ética*. 12ª ed. Rio de Janeiro: Civilização Brasileira, 1990.

VERON, Eliseo. *A produção do sentido*. São Paulo: Cultrix/Edusp, 1980.

_____. *Conducto, estructura y comunicación*. Buenos Aires: Tiempo Contemporáneo, 1972.

_____. *Construir el acontecimiento*. Buenos Aires: Gedisa, 1983.

VIEIRA, Sonia; WADA, Ronaldo. *O que é estatística*. São Paulo: Brasiliense, 1987.

WADDINGTON, C. H. *O Homem e a ciência – Instrumental para o pensamento*. Belo Horizonte: Itatiaia/São Paulo: Edusp, 1979.

WAINER, Samuel. *Minha razão de viver – Memórias de um repórter*. 6ª ed. Rio de Janeiro: Record, 1988.

WARREN, Carl N. *Géneros periodísticos informativos*. Barcelona: , 1979.

WATZLAWICK, Paul; BEAVIN, Janet H.; JACKSON, Don D. *Pragmática da comunicação humana*. São Paulo: Cultrix.

WEY, Hebe. *O processo de relações públicas*. São Paulo: Summus, 1986.

WILLIAMS, Raymond. *Los medios de comunicación social*. Barcelona: Península, 1974.

WOLF, Mauro. *Teorias da comunicação*. Lisboa: Presença, 1987.

WURMAN, Richard Saul. *Ansiedade de informação – Como transformar informação em compreensão*. São Paulo: Cultura, 1991.

leia também

O MUNDO DOS JORNALISTAS
Isabel S. Travancas

A autora busca a constituição da identidade social do jornalista por meio de entrevistas com vários profissionais, em seu trabalho e em seu cotidiano. Uma análise da profissão, de suas implicações efetivas e pessoais, dos problemas que envolvem as empresas jornalísticas. Depoimentos de Sérgio Augusto, Zuenir Ventura, Newton Carlos, Jânio de Freitas e outros.
REF. 10413   ISBN 85-323-0413-3

O PAPEL DO JORNAL
UMA RELEITURA
Alberto Dines

Reedição atualizada de um clássico de nossa literatura de comunicação. Adotado nas escolas de jornalismo de todo o país desde 1974, este livro serviu para a formação de algumas gerações de profissionais. Texto vital para o debate e a compreensão da problemática da imprensa na sociedade contemporânea, caracterizando sua trajetória e suas projeções perceptíveis.
REF. 10260   ISBN 85-323-0260-2

A TV SOB CONTROLE
Laurindo Lalo Leal Filho

Este livro reúne 68 artigos publicados pelo autor entre 1999 e 2005. Mas, longe de serem datados, os textos refletem as mudanças pelas quais a televisão tem passado - da entrada na onda neoliberal da desregulamentação à tomada de consciência do público. Hoje, a sociedade questiona a ação da TV como meio de comunicação hegemônico num país profundamente desigual como o nosso, mostrando que só uma mudança de paradigmas pode tornar o veículo realmente democrático.
REF. 10297   ISBN 85-323-0297-1

SEJA O PRIMEIRO A SABER
A CNN E A GLOBALIZAÇÃO DA INFORMAÇÃO
José Carlos Aronchi de Souza

O autor revela a estratégia de geocomunicação, pela qual as grandes potências fazem as pessoas do mundo inteiro receberem juntas as mesmas informações. Explica o desenvolvimento da rede de TV americana CNN e traz um registro detalhado da cobertura da invasão/ocupação do Iraque, em 2003. Um livro para entender como os conceitos de hegemonia e geopolítica são aplicados na era da globalização, utilizando o fluxo internacional de informações e o telejornalismo.
REF. 10226   ISBN 85-323-0226-2

O ADIANTADO DA HORA
A INFLUÊNCIA AMERICANA SOBRE O JORNALISMO BRASILEIRO
Carlos Eduardo Lins da Silva

Uma análise do papel do jornalismo norte-americano na formação dos jornalistas e na estrutura dos principais jornais em nosso país. O autor levanta os horizontes e os limites dessa influência. Tenta compreender como o jornalismo brasileiro desenvolveu seus próprios conceitos e valores, sendo capaz de criar um produto final específico e diferenciado.
REF. 10077   ISBN 85-323-0077-4

A AVENTURA DA REPORTAGEM
Gilberto Dimenstein e Ricardo Kotscho

Dois dos mais brilhantes repórteres brasileiros analisam o jornalismo sob duas vertentes: a cobertura jornalística do poder e a cobertura jornalística das questões sociais. Um autêntico manual do bom jornalismo, este livro nos conduz aos bastidores das notícias, ao modo de produção das matérias mais importantes já publicadas em nosso país.
REF. 10073   ISBN 85-323-0073-1

COMPLEXO DE CLARK KENT
SÃO SUPER-HOMENS OS JORNALISTAS?
Geraldinho Vieira

Mediante depoimentos de bem-sucedidos jornalistas brasileiros, o autor reconstrói os caminhos da profissão nos seus mais diversos segmentos: rádio, televisão, revistas e jornais. Um retrato crítico e dinâmico da imprensa em nosso país. As opiniões, entre outros, de Gilberto Dimenstein, Marília Gabriela, Boris Casoy e Joelmir Beting.
REF. 10374   ISBN 85-323-0374-9

COMUNICAÇÃO DE MASSA SEM MASSA
Sérgio Caparelli

Esta obra reflete uma preocupação pelas relações entre os fenômenos culturais, ideológicos e econômicos e o meio de comunicação social. O bloqueio da palavra é indicador da existência de um bloqueio mais amplo, qual seja, o bloqueio econômico, político e cultural que tolhe os setores mais carentes da sociedade.
REF. 10252   ISBN 85-323-0252-1

A DEUSA FERIDA
POR QUE A REDE GLOBO NÃO É MAIS A CAMPEÃ ABSOLUTA DE AUDIÊNCIA
Silvia H. Simões Borelli, Gabriel Priolli (orgs.)

O livro analisa a variação da audiência da TV Globo nos principais mercados, nos últimos trinta anos. Examina o desgaste inerente ao próprio padrão de qualidade, a concorrência de outras emissoras de canais abertos e da TV paga, e os novos hábitos e relações com as mídias e as novas tecnologias assumidos pelos receptores.

REF. 10753   ISBN 85-323-0753-1

ESPREME QUE SAI SANGUE
UM ESTUDO DO SENSACIONALISMO NA IMPRENSA
Danilo Angrimani

O autor investiga o fenômeno do sensacionalismo na imprensa sob várias dimensões: sua história através dos tempos, sua produção e as razões mais profundas que fazem que um amplo público seja atraído por este produto. Analisa como a linguagem utilizada remete ao inconsciente dos consumidores atendendo a necessidades psicológicas coletivas.

REF. 10496   ISBN 85-323-0496-6

A ÉTICA JORNALÍSTICA E O INTERESSE PÚBLICO
Francisco José Karam

O livro ressalta a importância contemporânea do jornalismo para a disseminação pública, massiva e imediata de informação e de conhecimento. Mas analisa, com base em princípios éticos e deontológicos subscritos por empresas da mídia – como interesse público –, alguns discursos, coberturas e práticas midiáticas que, muitas vezes, desmentem tais princípios.

REF. 10858   ISBN 85-323-0858-9

JORNALISMO, ÉTICA E LIBERDADE
Francisco José Karam

O autor defende uma ética universal específica para o jornalista, que faça parte do processo interior do profissional e se reflita no trabalho cotidiano e na relação com a totalidade social. Analisa princípios como verdade, objetividade e exatidão, e temas como cláusula de consciência, interesse público e privacidade, métodos lícitos e ilícitos na obtenção de informação.

REF. 10597   ISBN 85-323-0597-0

IMPRESSO NA
sumago gráfica editorial ltda
rua itauna, 789   vila maria
02111-031   são paulo   sp
telefax 11 **6955 5636**
sumago@terra.com.br

------------ dobre aqui ------------

CARTA-RESPOSTA
NÃO É NECESSÁRIO SELAR

O SELO SERÁ PAGO POR

AC AVENIDA DUQUE DE CAXIAS
01214-999 São Paulo/SP

------------ dobre aqui ------------

summus editorial

CADASTRO PARA MALA-DIRETA

Recorte ou reproduza esta ficha de cadastro, envie completamente preenchida por correio ou fax, e receba informações atualizadas sobre nossos livros.

Nome: _____ Empresa: _____

Endereço: ☐ Res. ☐ Coml. _____ Bairro: _____

CEP: _____-_____ Cidade: _____ Estado: _____ Tel.: (   ) _____

Fax: (   ) _____ E-mail: _____ Data de nascimento: _____

Profissão: _____ Professor? ☐ Sim ☐ Não Disciplina: _____

1. Você compra livros:

☐ Livrarias ☐ Feiras

☐ Telefone ☐ Correios

☐ Internet ☐ Outros. Especificar: _____

2. Onde você comprou este livro?

_____

3. Você busca informações para adquirir livros:

☐ Jornais ☐ Amigos

☐ Revistas ☐ Internet

☐ Professores ☐ Outros. Especificar: _____

4. Áreas de interesse:

☐ Educação ☐ Administração, RH

☐ Psicologia ☐ Comunicação

☐ Corpo, Movimento, Saúde ☐ Literatura, Poesia, Ensaios

☐ Comportamento ☐ Viagens, *Hobby*, Lazer

☐ PNL (Programação Neurolingüística)

5. Nestas áreas, alguma sugestão para novos títulos?

_____

6. Gostaria de receber o catálogo da editora? ☐ Sim ☐ Não

7. Gostaria de receber o Informativo Summus? ☐ Sim ☐ Não

Indique um amigo que gostaria de receber a nossa mala-direta

Nome: _____ Empresa: _____

Endereço: ☐ Res. ☐ Coml. _____ Bairro: _____

CEP: _____-_____ Cidade: _____ Estado: _____ Tel.: (   ) _____

Fax: (   ) _____ E-mail: _____ Data de nascimento: _____

Profissão: _____ Professor? ☐ Sim ☐ Não Disciplina: _____

Summus Editorial
Rua Itapicuru, 613 7º andar 05006-000 São Paulo - SP Brasil Tel.: (11) 3872-3322 Fax: (11) 3872-7476
Internet: http://www.summus.com.br   e-mail: summus@summus.com.br

cole aqui